開発は不可能を可能にする

岡田民雄

エネルギーフォーラム

日本ルツボ　岡田民雄会長(74)

トップ直撃

日本坩堝の名を使っていたが、読みやすくするために数年前、通称名をカタカナに変えた。ルツボは遠くメソポタミア時代にも登場する伝統工業品だが、文科系技術者ともいえる岡田民雄会長は、そこに新しい息吹を吹き込み、近代工業品へとよみがえらせようとしている。

開発は不可能を可能にする

瀧誠四郎撮影

おかだ・たみお　1937年6月25日生まれ、74歳。千葉県富里市出身。成田中学、佐倉一高（現佐倉高校）、慶応義塾大学文学部卒業。60年4月、日本坩堝入社。国内営業、海外営業部長等を担当し、88年同社を一度退社。久能カントリー倶楽部取締役営業部長・総支配人を経て日本坩堝に復帰。監査役、専務、副社長を務め、96年2月に社長に就任、2007年6月から現職。

中国へ本格進出

――東日本大震災の影響はいかがですか

「リーマンショックのときは受注が三十数%ダウンするなどショックが大きかったですが、今回はそれほどでもない。4、5、6の3カ月は厳しかったけれど、今後は復興需要に乗って耐火物需要は増えてくると思っています。さらに当社の場合、現在海外事業を強化していることもあり、日本でのダメージはさほど響かない面もある」

――アジア市場ではタイ、中国へ早くから進出しているようですね

「正英製作所（大阪）の現地法人に出資する形で2005年に上海、06年にタイへ出ています。ここで『メルキーパー』（溶解・保持炉）や耐火物を生産しています。また今年6月には上海に100%出資の販売会社・日坩商貿（上海）有限公司を設立、本格的に中国市場への売り込みをかけてます」

――岡田会長は文科系出身ですが、開発も手がけているとか

「小泉信三先生（元慶大塾長）の『練習ハ不可能ヲ可能ニス』という言葉が好きで、それをもじって『開発は不可能を可能にする』といってます。文科系だから開発ができないのではなく、要は問題意識を持つことだと思う」

――なるほど

「『メルキーパー』を開発したときも、ルツボ不用の溶解炉が普及し始め、危機感を感じた。何とかルツボの衰退を食い止めたい。いや創業以来の商品であるルツボを復活させられないかと考え、ルツボを2つ連結させ、溶解させた溶湯を別のルツボで適温で保持する溶解・保持炉を開発した。製品の歩留まりにも優れ、省エネにもつながる画期的なルツボを使用したアルミ連続溶解炉になった」

――多くの賞ももらいました

「私の発案を技術者が形にしてくれたわけですが豊田賞、中小企業庁長官賞、経済産業大臣賞、発明大賞などを受賞した。また台数にして250台以上が世界で使用されています」

――斜陽と思われていたルツボ技術が、創意工夫で成長商品に

「ルツボは決して古い技術ではないと私は思っている。太陽光発電用のポリシリコンの溶解、原発廃棄物処理にもルツボは活躍している。ルツボはすごい特徴をもった製品だと思いますので、今後もその用途開発に力を入れていきたい」

――金属のリサイクル市場へも進出をうかがっているようですね

危機感とアイデアがヒットを生んだ

「96年ごろから『エコカパリー』の商品名で、ルツボを使ったアルミや銅のリサイクルができないかと開発を進めてきた。問題は油の付いたアルミスクラップなどを焼却する際、黒煙が発生することです。そこで煙は煙処理室で燃焼し、そのエネルギーをルツボ溶解に利用する技術を開発し、商品化に漕ぎ着けた」

――画期的ですね

「私は早くからアルミリサイクルの〝揺籠説〟を唱え、小さなリサイクル炉を工場や地方都市などのあちこちに配置。そしてインゴットにして物流に載せる。するとそこに付加価値が生まれ、処理する人たちにも多少なりとも収入がもたらされるという仕組みを考えています。『エコカパリー』をその揺籠にできないかと思ってます」

（宮本惇夫）

【会社メモ】ルツボに代表される耐火物メーカー。1885(明治18)年、創業126年の老舗企業。本社・東京都渋谷区。東証２部上場。販売先も鋳鉄・非鉄の鋳造業、鉄鋼業、そして焼却炉と多岐にわたる。ルツボとはアルミや銅などを溶かす壺状の容器を指し、太陽光発電用ポリシリコンの溶解にも使われる。中国、タイなどにも進出し、得意先は国際的に広がりつつある。2011年３月期の連結売上高78億8700万円、経常利益３億2400万円。連結従業員数206人。

長嶋茂雄と2人でお風呂

【思い出の長嶋茂雄】「長嶋さんは佐倉一高の2年先輩。兄が野球部のコーチをしていたこともあり親しくさせてもらっていた。1960年に長嶋さんが成田山新勝寺の節分祭に年男として招かれたとき、ホスト役を私が務め、豆まき前の斎戒沐浴に2人だけでお風呂に入ったことがある。思い出のお風呂です」

【文科系技術者】もともとは理科系志望で大学も第1志望が東京工業大学。しかし解析を克服できず、慶応義塾大学文学部へ。だが開発への夢は止まず、いまでも技術者と一緒に精を出す。99年に開発し日本鋳造工学会・豊田賞をはじめ数々の賞に輝いたヒット商品「メルキーパー」は、岡田氏の発想を技術者に託して開発した。

【雑技団】「小さいころ、成田山で見たサーカスや見せ物小屋が忘れられない。いまは中国の雑技団にはまっています。地球儀の中をオートバイが走る芸などいつ見ても飽きない」

【展示会】「展示会が大好きで暇さえあれば海外にも出かけます。どんな最先端技術、新製品が並んでいるか興味津々で、開発者の苦労話などが聞ければ最高です。7月初めにもドイツで鋳造・金属の世界最大の展示会GIFAを見てきました」

【三日月会・代表】千葉県内8つの中学校の教え子たちが、1人の恩師をしのぶという会。恩師の名は今井警武先生で、岡田氏にとっては成田中学1年生のときの担任。「理科好きになったのは今井先生のおかげ。怖い先生で殴られたり立たされたこともしょっちゅうでしたが、教育に熱心な先生だった」

渾名が三日月だったことから会名がついた。恩師の死後に刊行された記念誌「教育の源流」には96人が〝思い出〟を寄せた。「学校の枠を超えた恩師をしのぶ会は珍しい。これも人生の絆として大事にしたい」

【任して、任さず】「私には3人の父がいる」と岡田氏。「1人は実の父親である藤崎源之助、1人は家内の親である岡田眞雄。もう1人が茂木克己（元キッコーマン社長）。2人とも父の弟で、それぞれの家に養子に行った。私にとっては叔父に当たるが、父と呼びたいほどお世話になり、人生の道を教えてくれた」

「〝任せて、任さず〟は克己叔父から学んだ言葉。権限は委譲しても責任は自分が取るということ。マンズワイン事件では、子会社の不祥事でしたが、叔父は親会社キッコーマンの社長として責任を取って辞任しました」

【ゴルフ】趣味というよりはビジネス。実家、藤崎家が経営する「久能カントリー」（千葉県富里市）の開設を手がけ、現在も常任理事。久能を中心に年に25回ほどプレーする。「健康法の1つです」

佐倉一高（現佐倉高校）の体育祭でお坊さん（正面）に扮して仮装行列

1944年ごろの家族写真。左から2番目が岡田氏

『夕刊フジ』2011年7月12日付記事

筆者開発製品の代表作メルキーパー
（ルツボ式連続溶解兼保持炉）

メルキーパー開発メンバーとともに（中央が筆者）

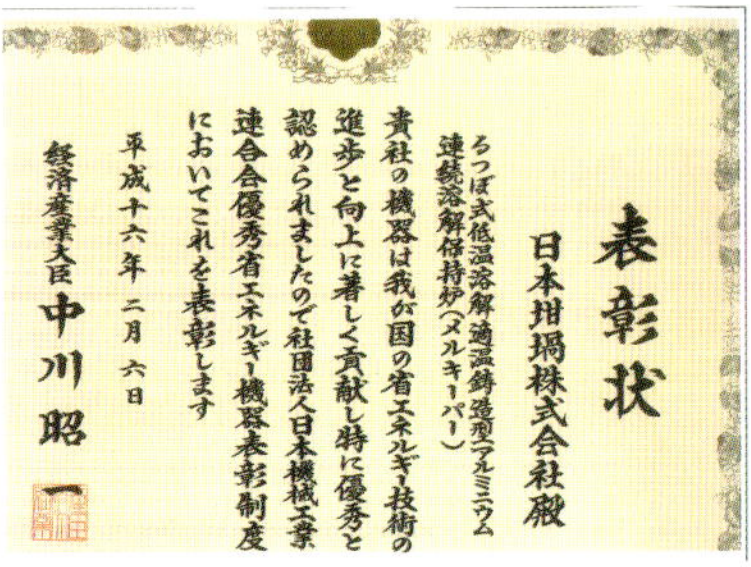

表彰状

日本坩堝株式会社殿

るつぼ式低温溶解適温鋳造型アルミニウム
連続溶解保持炉（メルキーパー）

貴社の機器は我が国の省エネルギー技術の
進歩と向上に著しく貢献し特に優秀と
認められましたので社団法人日本機械工業
連合会優秀省エネルギー機器表彰制度
においてこれを表彰します

平成十六年二月六日

経済産業大臣 中川昭一

経済産業大臣賞を受賞（平成16年）

「平成15年度最優秀エネルギー機器表彰式」（前列中央が筆者）

実兄・藤﨑孝雄の結婚式（昭和33年4月10日）
長嶋茂雄氏も参列してくれた（右端）

公私共に私を支え続けてくれた叔父・
茂木克己（元キッコーマン社長）。
経営者として人生の先輩として、教え
られたことは数え切れない

実父母・藤﨑源之助、美佐子

岡田家家族

私にものづくりの楽しさを教えてくれたのが、成田中学時代の恩師・今井義武先生である（後列中央が筆者）

佐倉高校３年時のの仮装行列で、担任の磯村先生と

仮装行列のみんなで記念写真

藤﨑孝雄の結婚式（昭和33年4月10日）で長嶋茂雄氏と

左から岡田眞雄、茂木克己、長嶋茂雄氏、茂木七郎治

成田山の節分（昭和35年2月3日）。長嶋氏の左が筆者、右が兄藤﨑孝雄

成田山新勝寺節分会での大役を終え、梅屋旅館でくつろぐ長嶋茂雄氏

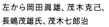

愛車は当時最先端の本田ドリーム号。
スポーツタイプの250ｃｃで、セルモーター付きの第１号だった

九州一周のバイク旅のルートマップ

学生時代最後のバイク一人旅はここから始まった
日本ルツボ小倉営業所は「九州営業所」と名を変え、今も小倉南区にある

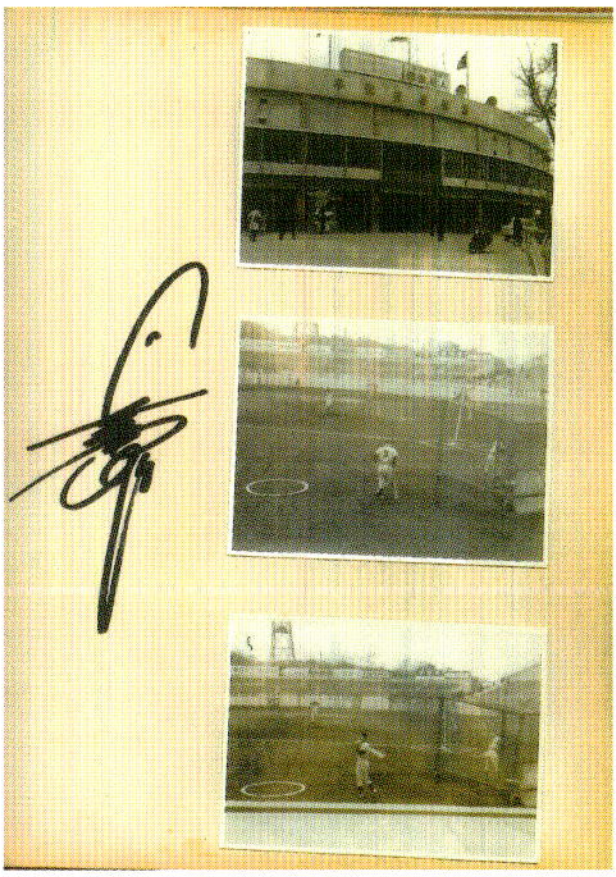

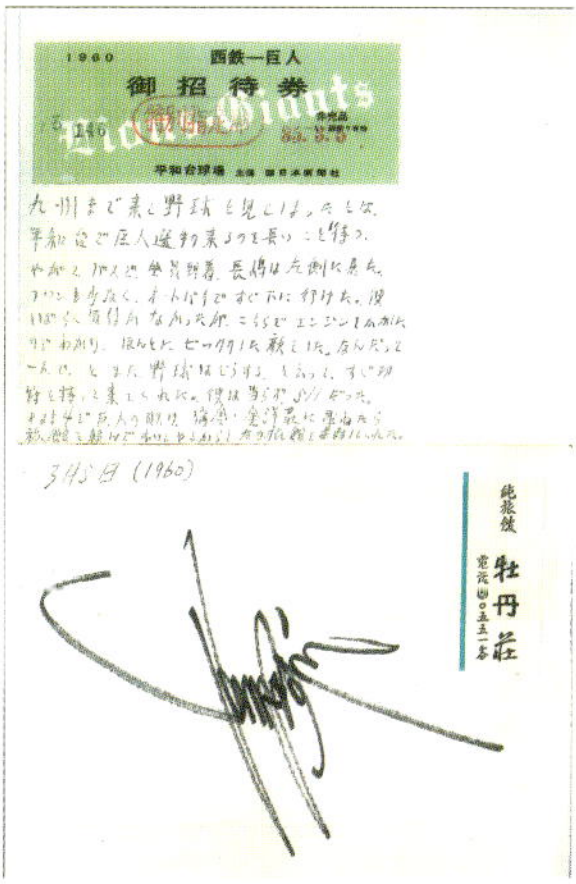

平和台球場の試合の様子をアルバムに。サインは後日、自宅を訪ね書いてもらった

長嶋茂雄氏からもらった平和台球場巨人戦の招待券

長嶋茂雄氏が佐倉市の市民栄誉賞を受賞した際の記念写真
(2013年7月12日)

喜寿の祝い
（2014年6月22日）

尾瀬にて　妻・眞理子と（2015年）

「岡田村」の子どもたちも、今では立派に成長し、それぞれ活躍しているのがなにより嬉しい

刊行に寄せて

岡田民雄相談役が、これまでに書いたり話したりしたものを一冊の本にまとめることをお聞きしました。タイトルは「開発は不可能を可能にする」とのことですが、相談役に最も相応しいものだと思います。

出身大学は文科系で技術とは無縁でしたが、メーカーである当社に入られてからは、新製品開発に大変熱心に取り組んでこられました。相談役の開発した製品の一部は、今でも当社の売り上げに貢献しています。

この本の中にも新製品開発に関するエピソードが多く書かれています。相談役は入社後、国内営業を担当した後、海外事業部長として輸出入業務のみならず、世界各国への当社技術輸出の先陣を切るなど、海外進出のパイオニアとして活躍されました。

子会社の役員就任後、一時実家である久能カントリー倶楽部に転職されました。コース造成、ハウス建築や会員募集に従事し、ゴルフ場オープン後は総支配人も務めました。

その後再び当社に戻り、社長、会長を歴任されました。その間「鋳造工学」、「工業加熱」、「財界」などにこまめに投稿されております。本書の内容は、それらも含め多岐にわたっておりますが、皆様にお読みいただけたら私もうれしく思います。

日本ルツボ株式会社　代表取締役社長　大久保正志

まえがき

「坩堝」と聞いて、皆さんはどのようなものを想像されるでしょうか。「人種の坩堝」など、言葉として耳にされたことはあっても、実物をご存知の方はあまりいらっしゃらないのではないかと思います。坩堝とは「金属を溶解する器」のことをいいます。

私が長年経営に携わっておりました日本ルツボ株式会社は、坩堝を中心に耐火物や非鉄の溶解炉、それらに関連する製品を開発・製造してきた会社です。創業は１８８５（明治18）年ですから、その歴史は19世紀、20世紀、21世紀と、実に3世紀にわたります。

私が日本ルツボに就職したのは、１９６０（昭和35）年のこと。これまで約半世紀にわたり、耐火物業界で働いてきたことになります。文学部出身で、入社当時は工業製品の製造や開発技術のことなど、まるで知りませんでした。それでも、「顧客の企業様や製造現場の方たちのために、少しでも便利なもの、使いやすい製品を作ることはできないだろうか」という思いから、情報を集め、知識を蓄え、現場の技術者の皆さんと共に、新製品の開発に取り組み続けてきました。その結果、お陰様でいくつかの新製品を世に出すことができ、開発から数十年が過ぎた今でも堅実に売れ続けている製品もあります。とても名誉な賞をいただいた製品もあります。

いつの間にやら私は「文系技術者社長」と呼ばれるようになっていました。

新製品の開発は、製造メーカーの命綱です。他にはない製品を提供し続けることで、日本ルツボ社は、大きく変動する社会経済の荒波を乗り切ってきました。タイトル通り『開発は不可能を可能にする』のです。

この本では、これまで私が携わってきた新製品開発秘話を中心に、経営論や人生論、なかには今では考えられないような失敗談や、悪ガキだった子ども時代のエピソードなどもふんだんに盛り込ませていただきました。気軽に笑いながら読んでいただければと思います。

また、坩堝をはじめとする耐火物は、日本の産業を支える縁の下の力持ちのような非常に重要な工業製品です。この本を通じて、坩堝や耐火物について、少しでも興味を持っていただけたら幸いです。

岡田民雄

『開発は不可能を可能にする』目次

第4章　開発は不可能を可能にする　73

第5章　絆　～「おかげさま」の言葉とともに～

第一章　三人の父の教え

南京袋に詰め込まれて土蔵に！

私は、昭和12年6月25日、千葉県印旛郡富里村久能（当時）に、藤﨑源之助、美佐子の三男として生まれた。兄2人、姉が3人、妹2人の8人兄弟である。

小学校に上がる頃までは、手の付けられないほどのいたずら小僧だったようで、窓ガラスに物をぶつけて何枚も割った。ピンと張られた襖や障子紙はいつの時代も子どものいたずら心を刺激するものであろうが、指でちょいちょいと穴を開けるのでは飽き足らず、桟もろとも壊してしまうので、しょっちゅう建具屋さんのお世話になった。建具屋さんの仕事は実に面白く、ものづくりが好きになったきっかけのひとつかも知れない。私のいたずらのおかげで、我が家の建具はいつも真新しく気持ちのよいものだったが、当然、誉められたことはない。

他にも沢山のいたずらをしたはずだが、今でもよく覚えているいたずらが三つ。

ヤカンの乗った七輪を壊す

まだ湯沸かし器などなかった時代で、家には土間の台の上に七輪があり、いつも大きなヤカンで湯を沸かしていた。その七輪を押してヤカンを落とすと、七輪が割れて炭火に湯がかかり、灰と蒸気が舞い上がる。当然、家族はパニック状態。皆があたふたする様子を見るのが、楽しくて仕方がなかったようだ。

「おこげ」のおむすびを食べたくて…

当時、家には家族の他に親戚が同居しており、ご飯は巨大な釜で炊かれていた。釜で炊いたご飯は美味しいものだが、なかでも「おこげ」の美味しさに共感してくださる方は多いと思う。幼いころの私も「おこげのおむすび」が大好物で、なんとか食べたくて、子供ながらにあれこれと策を練ったようだ。そこで考え出したのが、炊き上がりの最後の蒸す頃を見計らって、かまどにワラを一束入れる作戦である。そうすると、一瞬かまどの火が勢いよく燃え上がり、良い具合に「おこげ」が出来るのである。

ところが、係の女中にとって「おこげ」を作るのは失態になる。何とかおこげを作らせないように、私がワラを投げ入れようとするのを見つけると飛んできて、ワラ束を取り出してしまう。そこで私は、ワラ束をバラバラにして、全部は取り出せないように工夫した。そうやって、まんまと待望の「おこげのおむすび」にありつくことが出来たのである。

おこげを作ると女中は私の母に叱られるのだが、女中は決して言い訳をしない。今にして思えば、本当に立派なものだったと感心させられる。

お医者さんに噛みついた！

これはいたずらではないのだが、子どものころの話で印象に残っているのが、お医者さんとの戦いである。当時は病気になっても気軽に行ける距離に病院などなく、成田からお医者さんを呼ばなければならなかった。成田から久能まで約1里。人力車に乗って、わざわざ往診に来てくれるのである。かかりつけのお医者さんの名前は「清水東四郎」先生といい、今もよく覚えている。風邪をこじらせて高熱を出したりすると、清水先生が駆けつけてくれるのだが、子どもにとっては風邪よりも注射のほうが恐ろしいものだった。また昔の注射は針が太かったのか、今よりもずっと痛かったと思う。

とにかく注射が嫌いだった私は、ある往診のとき、清水先生が上着を脱いで座り、枕元で手を洗う隙を見計らって、その腕に噛みついたことがある。まさに窮鼠猫を噛むである。よほど思い切りよく噛んだのか、上腕部にしっかり歯の跡がついていたそうだ。

ちなみに私の歯は、81歳の現在でも28本全て自前である。日本歯科医師会が推進している「8020運動（健康のために80歳になっても20本以上自分の歯を保とう）」というものがあるが、28本全て残っているのは素晴らしいと、蕨市の歯科医師会から表彰していただいた。そんな丈夫な歯で噛みつかれたのだから、さぞや痛かったことだろうと、今更ながら清水先生には申し訳なく思っている。加えて、眼の方も至って健康である。この歳までメガネをかけることもなく、何不自由なしに過ごしている。改めて、健康に生んでくれた両親に感謝したい。

このように子ども時代はとんでもない暴れん坊だったものだから、父には毎回こっぴどく叱ら

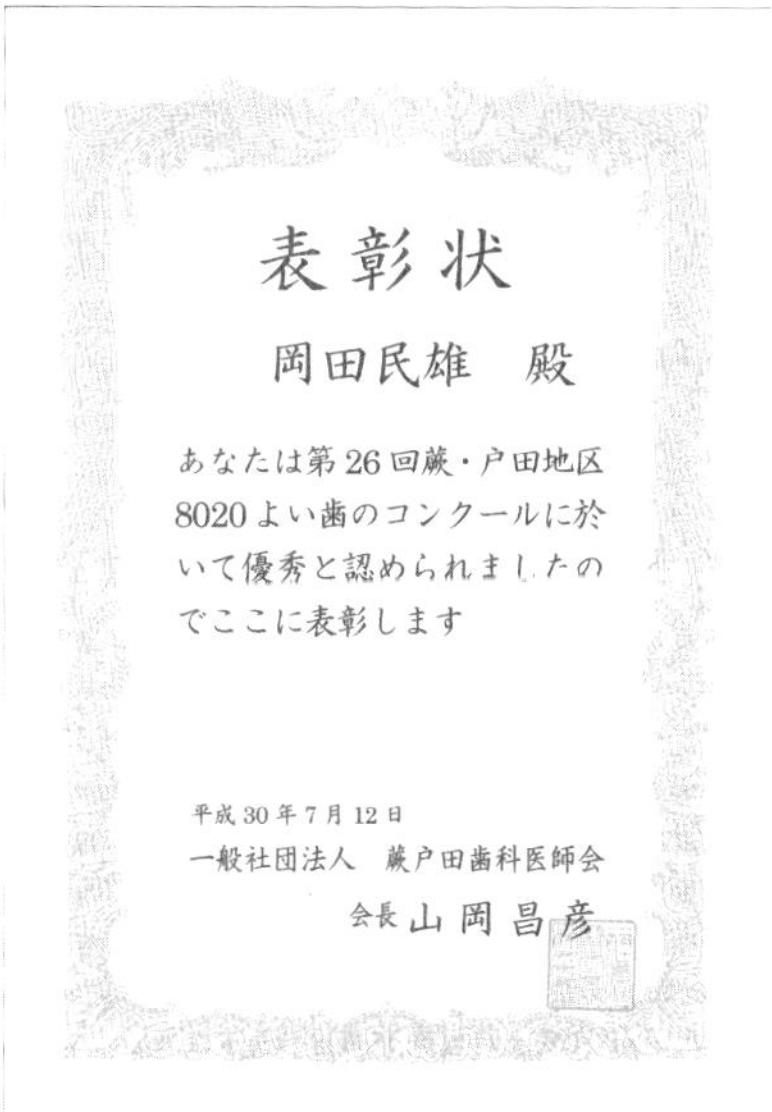
表彰状

岡田民雄　殿

あなたは第26回蕨・戸田地区
8020よい歯のコンクールに於
いて優秀と認められましたの
でここに表彰します

平成30年7月12日
一般社団法人　蕨戸田歯科医師会
会長 山岡昌彦

れ、お仕置きに土蔵に入れられることもしょっちゅうだった。それでも私は懲りることなく土蔵の中でもいたずら三昧。小豆と雑穀を混ぜたり、醤油をこぼしたりして遊んでいた。土蔵の床は土を固めただけのものであったから、こぼれた醤油が染み込んでいつまでも匂いが取れず、家人は困り果てたようだ。そこで、とうとう南京袋に入れられて土蔵に放り込まれるようになった。

当時の家はバリアフリーの真逆で段差だらけ。南京袋入りも回数をこなすと「あ、今は家のこの辺だな」とか、「土蔵の入口を越えたな」といったことがわかるようになる。放り込まれてしばらくすると、母がそっと土蔵を開け、迎えに来てくれる。それが無性にうれしかったことを今でも鮮明に思い出す。

私のいたずら好きは生来の好奇心によるものが一番だったのだろうが、今思えば、父や母に注目してもらいたい気持ちの裏返しであったのかも知れない。小さいころの私は、2人の兄にほのかなコンプレックスを抱いていたのもまた事実である。長兄は学業優秀で、次兄はスポーツ万能と、2人とも幼い私の憧れの存在であった。同時に、まだ何者でもない自分を兄たちと比べ、勝

厳しかった父・源之助と温かく見守ってくれた母・美佐子

手に引け目を感じていたようにも思う。そんな私を父は厳しくしつけ、母は温かく見守ってくれた。

実父・藤崎源之助は近衛第一連隊の軍人であったことを大きな誇りにしていた。それだけに子供たちにも厳しかった。父がよく口にしていた言葉に次のものがある。

「踏まれても根強く忍べ道芝のやがて芽の出る春を待つべし」

「倒されし竹は何時しか起き上がり倒せし雪は跡形もなし」

父は若いころ、大分苦労したようだ。たぶん、この言葉で自分を元気づけていたのだろう。私も若い頃には、この言葉を思い出し自分を鼓舞したものだ。父は「一生懸命」しつけ、教育してくれたと思う。

〈コラム〉父の日記

私は中学3年だった昭和27年6月12日より日記をつけている。今、昔の日記を読み返してみると、時期によって空白の部分も随分ある。特に昭和45年から54年までは貿易関係の仕事で海外出張も多く、主に手帳に記録をしていたので、日記帳としては書いていない。昭和55年からは3年連用の日記帳を購入し、空白は少なくなっている。

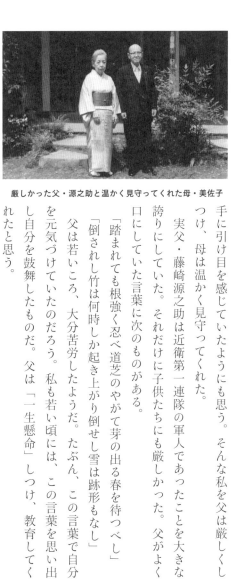

私が日記をつけるようになったのは、父の影響である。父は生涯72冊の日記帳を残している。父がまだ健在のときから、読んでも良いと言われてはいたが、当時の私にはなかなか読みづらいものであった。私が生まれた日のことや、名前がついた経緯など非常に興味のあるものだ。しかし、残念ながら達筆すぎて私には読めない箇所も多い。また、私は実家を離れており、父の日記は手元にはないので、実家に行って読むのも楽しみである。父は軍隊でも日記を持ち歩き、欠かさずつけていた。その日記は空白日も空欄もなく、ページ一杯に記入された見事なものである。

第三の父・茂木克己より受け継ぐ「任せて、任さず」の教え

私には実父・藤﨑源之助、養子に入った岡田家の義父・岡田眞雄の他に、三人目の父がいる。それが叔父・茂木克己である。

茂木克己は、平成17年４月26日に90歳の天寿を全うして亡くなった。

経済同友会には、昭和59年に入会し、長年「産業懇談会第３火曜グループ」の世話人を務めた。同友会の皆様とは生前に交流を深め、また大変お世話になったことと思う。

偶然なことではあるが、克己叔父の退会の日に私は同じグループに入会し、その後私も世話人を務めている。

茂木克己は、私の実父である藤﨑源之助の末弟であり、のちに茂木家の養子になった。私の妻の父・岡田眞雄も実の兄弟であり、義父は岡田家の養子になり、のちに私も続いて岡田家に養子に入った。従って私は茂木克己叔父を第三の父と思い、いつも慕ってきた。

私は、人生のもっとも大切な節目に、いつも叔父の世話になった。日本ルッポ株式会社に入社する時には、筆頭株主という立場で、また私の結婚の時には、仲人をお願いした。実兄である藤﨑孝雄が経営する久能カントリー倶楽部の創業を手伝う時にも、当時倶楽部の理事長でもあった叔父に相談をした。そして平成8年に、私が日本ルッポの社長に就任する時には、叔父は「後ろ盾になる」といって取締役会長を引き受けてくれ、亡くなるまで私を支えてくれた。

叔父は、経営や人生について多くの言葉を残してくれている。それらは平成12年に出版された『任せて、任さず』（自費出版）という自著にまとめられている。その本の中の言葉で、特に私が感銘を得て、実行していきたいと思ったものを3つ拾ってみた。

（イ）任せて、任さず
（ロ）恩は下に返せ
（ハ）先輩から受け継いだものは、より良いものにして後輩に引き継げ

（イ）は、権限は委譲しても責任は自分がとるという

公私共に私を支え続けてくれた叔父・茂木克己（元キッコーマン社長）

ことである。マンズワイン事件は、子会社の不祥事であったが、叔父は親会社キッコーマンの社長として責任を取って辞任した。
（ロ）は、お世話になった人に恩を返そうと思ってもその時は難しいものである。その代わりその立場になったら、恩返しとしてその分、下の人のお世話をすることだとの教えである。
（ハ）は、慶應義塾大学時代に小泉信三先生から直接教えられたと自著にある。
日本ルツボは平成30年、創業133年を迎えた。私は平成8年にバトンを預かり、走り続けてきた。叔父の教えのとおり、このバトンを落とすことなく、また自分も倒れることなく、しっかりと次の人にバトンを引き継ぐことができた今、大きな義務を果たせたことに安堵している。

玉音放送の記憶はなく…

私たちの子供の頃、ほとんどの遊びは屋外だった。覚えているのは、ベーゴマ、ビー玉、メンコ、投げゴマ、石蹴り、竹馬、竹バットの野球、鬼ごっこ、かくれんぼ…など。これらの遊びには、必ずと言っても良いくらい仲間が必要だった。毎日、仲間たちと「一緒懸命」に遊んだ。多くの仲間たちと一緒に何かをやり遂げる楽しさは、今思えばチームで開発に挑む楽しさに通じているのかもしれない。

昭和19年に小学校に入学。戦時中だったので、現在の小学校は「國民學校」と呼ばれていた。私は千葉県富里村久能という田舎で育ったので、近くの富里村立國民學校第一分教場に入学した。茅葺きの木造校舎で、寺子屋を思わせるようなものだった。校舎に教室はたった3つ。子供の数が少なかったため、1年生と2年生は同じ教室で1人の先生に教わった。初めての担任は女性の秋山先生だった。

2年生の時に終戦になったが、玉音放送を聞いていない。同世代で聞いていない人はほとんどいないが、その時間どこで何をしていたのか全く記憶にない。

3年生になり吉岡満子先生。4年生は相川日出男先生。相川先生は私たち子供を村の神社に連れて行き、お札の入っている石の扉を開けて中を見せ、「紙しか入っていないではないか、なんでそんなものに頭を下げるのだ」と言われた。それまで何も知らずに頭を下げていた私たちは、それから頭を下げなくなってしまった。それが後に大人たちの間で大きな問題になった。

分教場は4年までしかなく5年、6年は村の本校に行くか、町の学校に行くかであった。私は成田小学校を選び5年4組に入れてもらった。久能から成田までは4キロメートルしか離れていないのだが、言葉使いで初めてカルチャーショックを味わった。

当時、成田山の裏の方に「奥山」と呼ばれている大きな広場があり、お祭りやお正月にはサーカス小屋や見せ物小屋が立ち並び賑わっていた。いろいろな見せ物やたたき売り、泣き売りといったものもあった。終戦直後のことで娯楽も多くはなく、村から町の学校に通うようになった私にとって「奥山」のすべてが面白くて仕方がなかった。同じ出し物であっても飽きることなく、何度もサーカスや見せ物に通った。子供の頃の楽しい体験が影響したせいか、今でもサーカスやショーを観ることがとても好きである。

〈コラム〉「武士道」という言葉に惹かれて

ＰＨＰ文庫より『武士道』（新渡戸稲造・著／岬龍一郎・訳）という本が出版されている。私にとっては難解とも言えるが、つい惹かれながら読み進めている。

私は、國民學校２年生の時に終戦を迎えた。そのため、道徳的な教育がまったく否定された時期に学校教育を受けたのである。民主主義万能の時代と教えられ、平等、個人の権利の強化、多数決……と、封建制度、軍国主義から解放された国民は、以来「自由」を謳歌できていると私は思っている。しかし、いま自分の気持ちの中に何か足りないものがあるように思われる。精神的に満たされないものがあるような気がしてならない。それは私が精神的なバックボーンを持っていないということなのか。キリスト教、イスラム教…と分類していくと、私は仏教徒であろう。しかしそれは、法事等の行事だけの形式的なものであり、決して私の精神的なバックボーンにはなっていない。

私は、創業明治18年という大変歴史のある会社の社長をしていた。企業経営のあり方と、人間としてどう生きなければならないかという「武士道」の教えには、「フェアプレー精神」「義を見てせざるは勇なきなり」「知行合一」という多くの共通点があると思っていた。私は、「武士道」の教えをこの本で学びながら、自分自身の精神的なバックボーンとして、活かすことを常に考え会社経営をしていた。

恩師・三日月先生との出会い

中学は成田中学校に進学した。1年の時の担任は、理科の今井義武先生。東京農業大学を卒業して、教員として最初に受け持ったのが我々のクラスであった。後年、私は新製品開発に取り組み続け、数々の賞もいただいたが、ものづくりに興味を抱いたきっかけは間違いなく今井先生との出会いである。

とにかく怖い先生で、たぶん小学校から高校までで一番怖かったと思う。いたずらっ子だった私は「民!なにやってるんだ!」と、何度殴られたかわからない。しかし、それだけに大変に情熱的な先生で、生徒からとても慕われていた。私が教わったのは中学校1年生の間だけだが、東大の五月祭や博覧会に連れて行ってもらい、理科やものづくりの楽しさを教えていただいた。先生の影響で高校では化学クラブに所属し、将来はメーカーに就職したいという思いを強くした。

大学を卒業して日本ルツボに就職したとき、先生は「メーカーに入るなら技術の勉強をすることだ。開発をやりなさい」と言われた。そして、発売から50年以上もたった今でも売れている「Gパックス」という製品を、入社2年目に自分のアイディアで開発したことを先生に報告したときには、大変喜んでくれた。ただ褒めるのではなく、我が事のように喜んでくれるのだ。こちらも大変うれしい気持ちになり、「また新しい製品を開発して、先生に喜んでいただきたい」と奮起したものである。

三日月先生とクラスの仲間（後列中央が筆者）

恩師が繋いだ絆

今井先生は平成20年4月に80才で亡くなった。私の人生の中には、強い絆で結ばれていた体験が多くある。その一つが「今井義武先生を偲ぶ会」の実行委員長をさせてもらったことである。

先生は、定年で退任をする際、教え子、同僚、友人に、自分のことについて思い出などを書いた原稿を送ってほしい旨依頼していた。その縁で平成21年、柏市の鈴木敏彦さんから「今井先生の所に集まっている原稿で、記念誌を作りたい」との手紙が届き、私も喜んで協力することになったのである。鈴木さんは、柏中学での今井先生の教え子のひとりである。

今井先生の清子夫人と鈴木さんが中心となり、記念誌『「教育の源流」～今井先生と私たち～』が完成した。今井先生は、千葉県内の8つの中学校で教鞭をとられた。この記念誌の執筆者は、何と96名に及んだ。教え子達から寄せられた原稿の内容は、ほとんどが叱られたことと、怖い先生だったが育てていただいたことへの感謝の気持ちであった。

私が寄稿した原稿のタイトルは「三日月先生の日の出」。先生は顎が尖っていたので、成田中学でついたこの渾名は生涯ついてまわったようだ。先生は成田中学で教員生活をスタートされたので、このようなタイトルにした。

この出版を記念して、「今井先生を偲ぶ会」を平成21年11月8日、海浜幕張のホテルで開催した。私は教え子第一期生ということで、実行委員長を務めさせていただいた。別々の中学より教え子62名が集まり、先生の思い出を話し合った。今井先生は出会った多くの人と、強く結びついていたからこそ、これだけ多くの原稿が集まり、偲ぶ会にも50年以上昔にお世話になった教え子たちが集まったのだろう。これこそが「絆」だと思う。今も今井先生は私の心の中には生きておられ、絆の大切さを教えられているような気がしている。

〈コラム〉「三日月先生の日の出」

今井先生が定年を迎えられたことをお聞きし、月日の経つのが本当に早いのに驚いております。思えば私が成田中学1年E組で今井先生の教えを受けたのは昭和25年のことでありました。先生が大学を卒業され教師として初めて教壇に立たれたのはこの教室でした。まだ詰め襟の学生服を着た若々しい青年でした。私達は先生の最初の教え子になるわけです。三日月先生こと我等が今井先生が、この成田の地で教師としての日の出を迎えられたのであります。

この今井先生より作文を書くように宿題をいただいた今、当時の友人のこと、日々の出来事など懐かしく想い出しております。

叱られたこと

当時「家庭科の時間」というのがありまして、宮代和子先生という女の先生が料理を教えて下さいました。私はどんな悪戯をしたかは忘れましたが、今井先生にそのことが伝わったのでしょう。自分の持っておられた本で殴られました。小さかった私はふっ飛んでしまいました。次に立ち上がった私を先生は左手で頭をおさえ再度殴られました。顎が尖り、眼をカッと見開いた今井先生の般若のようなお顔を、今でも昨日のことのように憶えています。また叱られる時よく正座をさせられました。当時の校舎は戦後の工場払い下げ跡でしたので、床板に隙間があいていたり板の厚みが違うものもありました。ひどいのはコンクリートの部分がそのまま残っている有様でした。座る場所によっては足に筋がついたり隙間風が寒かったり、座らせられているだけでもそれは苦しいものでした。その間お説教を聞かされているわけですが、一度は我々を正座させたままいつになっても先生は現れず、夕方になり他の先生が来て帰して下さいましたが、今井先生に見つかったらまた叱られるのではないかとビクビクしていました。後で今井先生にお聞きしたら、「映画を見に行ってしまい君達を座らせていたのを忘れちゃった」とのことでした。現在ではとても信じられないことです。

「小屋」の中での怪談とお墓での度胸試し

先生は一時期、校庭の片隅にあった「小屋」に泊まっておられました（住んでおられたという感じではなく）。そこに中学1年生であった我々もよく押しかけていっては泊めていただき、怪談などをよく話していただきました。散々お化けや幽霊の話を聞いた後、ある時、度胸試しなるものをやりました。校舎の入り口の所に小高い丘があり、そこにお墓がありました。夜小屋を出てそのお墓に行って帰ってくるという遊びでしたが、恐い話を沢山聞かされた我々はおっかなビックリそのお墓まで行くわけです。その我々を上級生が驚かそうとしてお墓の中に立っていました。われわれは恐いものですからそれぞれ竹で作ったバットなどを手にして暗いお墓に順番に行くわけです。中台秀雄君だったか暗闇でガサガサっと音がしたので、ビックリしてバットで殴りつけたらお化けが「痛い！」と言ったと大笑いしたことがありました。

理科への興味

同級生の野平勝雄君は今井先生のお陰で理科に興味が持てたとよく言っていましたが、私も全く同感です。私は残念ながら今井先生のご指導を得たのは中学1年生の時の一年間のみでした。先生は担任であり理科の先生でした。私が佐倉一高に進み「化学クラブ」に入部したのも先生の影響だったと思います。

今井先生の最初の教え子である我々は80歳という高齢になりました。この年齢になっても中一時代の先生のことを強烈に憶えているのは、今井先生が真の教育者だったからだと思います。よく叱られ、殴られたりはしたものの、先生の小屋に泊めていただき怪談、先生の故郷の岡谷、諏訪湖のこと、学生時代の悪戯のことなど楽しくお聞きしたものです。

今井先生は真の情熱、愛情をもって子供に接して下さいました。そういう先生に子供の時にご指導いただいた我々は本当に幸せだったと思っています。

佐倉第一高校入学　先輩は長嶋茂雄さん

千葉県立佐倉第一高校（現・千葉県立佐倉高校）に入学したのは昭和28年。2学年上には、長嶋茂雄読売巨人軍終身名誉監督がいた。7歳上の私の兄が佐倉一高のOBとして野球部のコーチをしており、長嶋さんと親しかったため、私も親しくしていただいた。長嶋さんとの忘れられない思い出は数々あるが、後に譲るとしたい。

当時、私は千葉県印旛郡富里村（現・富里市）に住んでいた。通学は京成線成田駅までは自転車、そこから4駅先の佐倉駅で降りた。駅から学校までの道は、道とは言えない悪路。雨の日は最悪で、長靴が必需品だった。「制服に長靴姿の生徒はみんな佐倉一高」と近所で評判になったほどだ。

しかし、当時は16歳で取得可能な「小型四輪免許」があり、16歳になってすぐの8月6日にさっそく免許を取得。時には車で学校へ行き、皆を驚かせた。全校生徒で車に乗れたのは私一人であった。

そんなに早く免許が取れたのには理由がある。

実家は製材業をしていたため、材木を運ぶための木炭で走るトラックがあった。小学生の頃にはよく運転手の隣に乗せてもらい、登り坂でゆっくり走る時などに立ってハンドルを握らせてもらい、すっかり運転手気分だった。中学生の頃にダットサンが入ってきた。兄に教わりながら練習し、中学3年生の頃には一人前に運転ができるようになっていた。

これについては、今では考えられないエピソードがある。ある暑い日、成田の警察署長が父を訪ねて来た。帰りに父が「うちの子供は運転が出来るが、まだ免許証は持っていない。町の入口まででしたら大丈夫なので送らせましょう」と言った。父はお客様が警察署長であることをすっかり忘れていたようである。私は言われたとおりに田舎道を3キロ程走り、町の入口まで署長を送っていった。帰りに署長から「気を付けて帰りなさい」と言われたが、今思い出すと冷や汗ものである。

化学部で実験三昧　文化祭でガチョウが…！

高校の3年間は化学クラブに所属し、宮川栄一先生にご指導いただいた。クラブでは石けんや消火器づくりなど、さまざまな活動をした。2年の時にはクラブのリーダーとなり、約30人の部員を引っ張る立場になった。重要保管物である金属ナトリウムの倉庫の鍵を顧問の先生から預かり、優越感を覚えたものだった。

化学部というクラブにおいて、一年間の活動成果を発表する晴れの舞台が「文化祭」である。日頃、各部がコツコツと研究なり実験・調査してきたことを披露できる最大のチャンスなのだ。

私の当時の日記によると、一年生の時の文化祭は昭和28年9月26日（土）。残念ながら私はその日発熱してしまい、学校に行けなかった。その日の日記に「今日登校出来ないのはほんとに残念、これまで毎日放課后遅くまで、あの石けん製造の実験をし、準備をして来たのに、それを文化祭で発表出来ないとは…」、と書いてある。中学時代から理科に興味を持っていた私は、自分で石けんを造れたことが大変うれしかったのだ。

この石けん製造の実験は、八街から通っておられた斉藤先輩指導のもと、鈴木仁君と一緒に行った。しかし、硬すぎたり軟らかすぎたりで、なかなか良いものを製造することが出来ず、非常に苦労した。それだけに、せっかくの成果を文化祭で発表できなかったのは残念でならなかったのだろう。

佐倉高校文化祭の仮装行列（お坊さん役が筆者）

2年生の時の文化祭は、昭和29年9月29日（水）。化学クラブでは、呈色反応、水素製造実験、火山実験など色々企画した。そのうちのひとつ界面活性剤の実験で、水槽にガチョウを入れる実験をした（界面活性剤を入れると羽毛が水を弾かずガチョウが沈んでしまうという実験）。本来は扱いやすい大きさのアヒルを使う予定だったが、あちこち探してもアヒルが見つからず、仕方なく私の育った村の人からガチョウを借りてきたのである。ところが、文化祭の間中ガーガー鳴き続け、とにかくうるさくて困った。もっとも、その鳴き声に興味をひかれて本当に多くの方々が見に来て下さり、後日行われた各部の人気投票では、なんと化学クラブが一番人気だった。

化学祭を初開催

３年生になった時、文化祭の他に「化学祭」なるものを初めて開催した。昭和30年６月２日、３日の両日のことだ。化学クラブは専用の実験室を持っており、いつでも実験などを公開できる状態にあったため、独自のイベントを開催したいと学校側と交渉してきたのだ。

全校生徒にこの化学祭を知らせるために、ＮＨＫならぬＳＢＣという名の放送クラブにお願いし、名アナの浜田常吉君や女性アナの山田税子さん、加藤津也子さんに案内放送をしてもらった。そのお蔭で多くの方々に見ていただくことができた。常日頃はこのＳＢＣを「サクラ、バカヤロウ、クラブ」と悪口を言っていたが、この時ばかりは心から感謝した。

当時の松本校長は一つ一つの出品を丁寧に見て下さり、「よくやった」と声をかけて下さった。感受性の強い少年時代のことなので、その嬉しさは、今思い出してもぞくぞくするほどだ。叱られることはたくさんあっても、褒められることの少なかった私。その時に「よし、また褒められるようなことをやってやろう」と明日に向けての意欲がわいてきたものだ。「これこそ真の教育のあり方なのだなあ」と、数十年たった今でも教えられるものがある。

私にとって高校最後の文化祭は昭和30年9月24日（土）。この時、どのような実験をしたのかは記憶にないが、当日の日記には「いよいよ今日だ、待ちこがれていた日、今年は自分の実験発表は持っていない。それだけに他のクラブ活動も見ることが出来た。講堂以外では化学クラブに一番多く人が来ていた。二高と多古高の生徒会役員が7名来室、僕が案内した…」とある。

当時は、毎学期の試験成績が発表されるなど勉強面はなかなか厳しく、また進学も難しかったので、クラブ活動を続けることは容易なことでなかった。しかし、今になって高校生活を振り返ってみると、もっとも強烈な印象として残っているものはクラブ活動に他ならない。

かけがえのない友人を得られたことも、高校時代の宝だ。

化学クラブの仲間の一人は、その後「ミスターＬＮＧ」と呼ばれることになる山本博雅君（東京ガスケミカル元社長）。彼とはクラスも3年間一緒で、現在も連絡を取り合うほどの仲だ。また、東京都立梅ヶ丘病院前院長であり、ラジオの子供電話相談での活躍でも知られる佐藤泰三君も、高2、高3と同じクラスで学んだ同級生である。

佐倉一高での3年間は、少年から青年に成長する貴重な時期でもあり、思い出は語り尽くせない。その思い出の一つに、私は高3の3学期は船橋市海神に住んでいた姉夫婦の家に寝泊まりして、義兄の後輩である東大生二人に交互に家庭教師として来てもらい、学校にはほとんど行かずに受験のために英語の猛勉強をした。

4年間で日本一周！

大学は慶應義塾で専攻は文学部史学科西洋史であった。「大学4年間で日本一周」をキャッチフレーズに持つ慶應義塾大学文化地理研究会（以下、文地）というサークルに属し、西岡秀雄教授の引率のもと、汽車やバスで団体旅行をしていた。

私の人生は、西岡先生と文地抜きでは考えられない。私が社長になって間もない頃、先生に私の勤務先である日本ルツボに来ていただき、「学校で教えなかった話」として講演をしていただいた。ご高齢にもかかわらず、用意して差し上げた椅子をどかされ、2時間立ったままのお話を、しかも内容は昔を懐かしむものではなく、常に前向きのものであり、受講した社員に大変喜ばれた。

文地の同期のメンバーとは、今でもよく付き合っている。大分以前に、還暦祝いではないが、木村吉隆（恵子郎）、磯野（弓削）、佐藤（猿渡）、西村（明楽）各氏と私、岡田（藤﨑）とでディズニーランドでジェットコースターに乗り、子供にかえり目を回した。こういう集いの時に、よく話題になるのが文地時代の旅行や行事のことである。

私は入学年の春、大洗、袋田温泉方面の文地旅行に初参加した。その夏には四国、中国旅行に参加。当時は、東京から広島まで19時間程かかる初めての夜行列車だった。2年生になり、大きいことで話題になっていた佐久間ダム見学旅行や「東京の学生がすててこ姿で街を歩く！」と新潟日報に報道されてしまった佐渡旅行。この佐渡旅行の成果として、その年の三田祭に、教えてもらった「佐渡おけさ」と佐渡展を発表し好評を得た。

3年生になると我々が企画する番となり、春には裏磐梯、夏は北海道旅行を企画。担当は栗田卓明君だった。平木三喜男君、笹野淳太郎君、それに私が案内の郵送を行った。青森まで鈍行を利用し、当時は23時間50分の旅程であった。その年の新入女性メンバーは実に賑やかで、ウクレレなどで車中の皆を楽しませてくれた。木村君は、この旅行中に西岡糸子先生に命じられて、女風呂の番をさせられたと当時を懐かしんでいる。

私たちが3年生のその年は、また塾の創立100年であり、11月8日には天皇陛下を日吉にお迎えし、記念式典が行われた。私は残念ながら塾祭の踊りの練習で、式典には参加出来なかった。塾祭は、日吉にて11月12日(水)より16日(日)の5日間行われた。文地も塾創立100年を記念した「日本民謡展」を行った。櫓の上で平木君が佐渡おけさ、笹野君がソーラン節と会津磐梯山、それに私が大漁節を歌った。文地自体もその年は創立10年で、塾祭の間に八芳園で、我々は浴衣姿で10周年記念を祝った。塾祭の後も、いくつかの100年記念行事が行われたが、文地はその一つである「慶應ミュージカル」なる催しに参加。11月29日の本番前、27日に産経ホールで練習している時に、皇太子妃に美智子さんが決まったとの発表があった。

カラオケの元祖？

学生時代の4年間に文地の旅行や行事には実によく参加した。その中で個人的に特に印象に残っていることがいくつかある。

①　100周年記念行事の日本民謡展の用意で、平井方面に唄と踊りの稽古に行ったが、笛や太鼓などのお囃子の人が多く必要となった。塾祭の5日間に全員来てもらうことは時間的にも費用的にも不可能であった。そこで私は、テープレコーダーを持っていき、佐渡おけさやソーラン節の伴奏としてお囃子だけを録音して、日吉での民謡展では、それをバックに歌ったのである。今にして思えば、これがカラオケの元祖？　ではないかと懐かしい思い出である。

②　これもテープレコーダーに関することだが、軽井沢合宿の折、西岡先生はご都合が付かず参加されなかった。にもかかわらず、スケジュール表には「西岡アワー」と入れておいた。なんて事はない、事前に先生のお話をテープに吹き込んでおいていただき、軽井沢で夜に時間が来たときにテープをかけたのである。

③　当時、手紙等の案内文はすべてガリバン刷りであった。平木は文章がうまく、笹野は字がうまかった。どちらも駄目だった私は、ローラーを回すしかなかった。平木の家に泊まっては、二人が先に寝てしまってから、ひとり手を汚しながら印刷をしたものだ。

学生生活最後の旅

熱心に文化地理研究会の活動に参加しながらも、交通機関を利用しての普通の旅行に今ひとつ物足りない思いを抱いていた。そこで私は、会の活動と並行してバイクでの旅に夢中になった。欲しかったバイクはホンダドリーム号。スポーツタイプの250CCで、セルモーター付きの第一号である。当時、爆発的な人気だった。やっとの思いで手にした時は、嬉しくて天にも昇る気持ちであった。

まず小手調べに千葉県一周を試みた。昭和34年、大学4年の夏休みに文化地理研究会の旅行に合わせ、バイクでの東北一周を計画したところ、母に猛反対された。兄は大丈夫だからと母を説得してくれたが、母の心配は止まない。父は「そんなに行きたいのであれば仕方がない」と思っていたようだ。

母の心配をよそに、故郷・成田を7月15日に出発。7月25日に青森駅にて文地一行と合流した。合流後は奥入瀬、十和田、男鹿半島、秋田と、バスの後ろをバイクでついてまわった。

この旅の途中、弘前のある民家に泊めてもらった。大学の先生の紹介というだけで、みず知らずの私を快く泊めてくださった。ところが、大変な取り込み中であったのだ。朝、目を覚ましたら家には誰もおらず、その大きな農家の戸は開けられたまま。どうしたのだろうと困っていると、しばらくしてその家のおばさんが帰って来られた。聞けば「ゆうべ娘がお産のため入院した」とのことであった。おばさんは、休む間もなく私のために朝食を用意してくださった。

昭和35年、卒業を目前にした大学4年の春休み。私は学生生活最後の旅に出た。2月20日から3月28日までの38日間に及ぶ長い旅だ。単身、バイクで九州を一周したのである。

なぜバイク一人旅なのか。

私はアルバイトの経験など全くなく、苦労のない学生生活をしてしまったので、社会に巣立つ前に心身を鍛えてみたい、という気持ちが一番の動機だった。その日どこに向かうのかも、どこに泊まるのかも決めず、途中でバイクがパンクしたり、道に迷ったり、大雨に降られたりと、確かに大変な思いもたくさんした。しかし、結果は今でも忘れられない楽しい旅になってしまった。

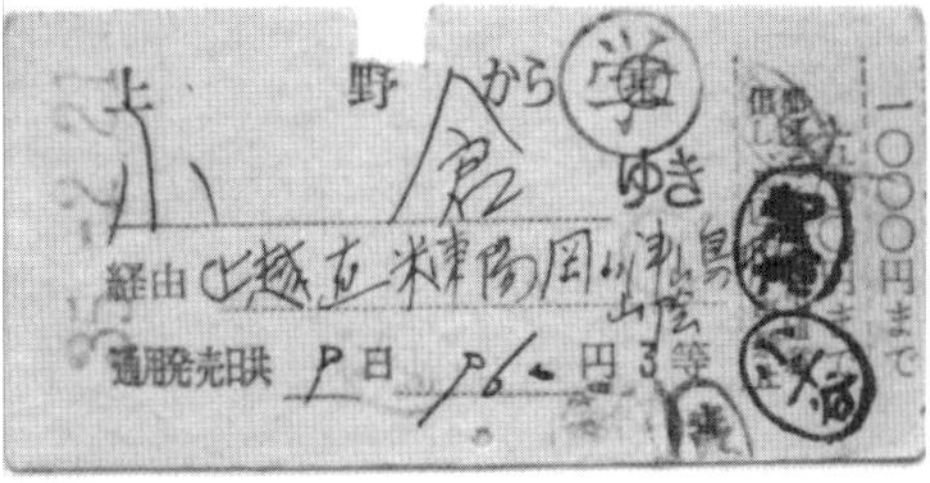

上野から小倉行きの硬質キップ

既に就職が決まっていた日本ルツボの小倉営業所にバイクを送らせてもらい、夜行列車などを利用して各地を旅しながら、小倉へ向かう。まずは東京で西洋史専攻のメンバーと送別会。軽井沢で文化地理研究会の仲間とスケートを楽しんだ。新潟県・小千谷で新保幸雄君、和歌山県・御坊で笹野淳太郎君、鳥取県・米子で杵村善久君を訪ねた後、3月2日に小倉に入った。いよいよ九州一周バイクの旅のスタートだ。

学生時代最後の旅。一日一日、一カ所一カ所に思い出がある。

学生時代最後の一人旅はここから始まった

当時できたばかりの西海橋は、通行料１００円の有料道路だった。このころから全国に有料道路が普及し始めたと思う。地図で見ると小さな天草だが、バイクで走ったら思いがけなく大きく感じた。まだフェリーは普及しておらず、バイクで一枚板を渡って船に乗るのが大変怖かったことを思い出す。

　大学の卒業式にも出席せずにバイクで九州を走りまわり、とうとう鹿児島までたどり着いた。ここでいったんバイクを預け、屋久島を訪ねた。バイクの服装でブラリと島の小学校に入っていった私の姿は、子供たちの目には異様に見えたのだろう。たちまち人気者になってしまい、ドッジボールなどをして遊んだ。その時に大勢の子供達と一緒に撮った写真を今でも持っている。当社は屋久島電工（株）より耐火物原料として炭化珪素を購入しており、屋久島とは大変に関係が深い。いつか屋久島を訪ねる時、その写真を持参し、この時の小学生達に再会できたらと楽しみにしている。

　九州一周を終えて、ようやく小倉営業所に戻った時、藤井義雄所長・志村盛雄所長代理に「これから四国、南紀を回り、東海道を通って4月15日頃に帰りたい」と話したところ、藤井所長から「会社という所はそんな所ではない。あなたと同期入社の人は、2月からアルバイトとして会社で働いている。バイクはちゃんと送り返してやるから、すぐに帰りなさい」と懇懇と言われた。その時はバイクで帰れないことを残念に思ったが、もしあの時バイクで帰っていたらどうなっていただろうか。当然、入社式には出られなかったのだから、有り難い御注意だったと時々思い出すことがある。

いつも私の記憶によみがえるバイク旅行。

苦労を求めての旅だったが、苦労というのは求めようとして求められるものではなく、外部から与えられて初めて苦労となるものだということを学んだ旅でもあった。この旅の経験は、今でも私の大きな財産になっている。そして、バイクの部品は多くが鉄・非鉄の鋳物である。当社製品の多くは鋳造業にお世話になっている。なんとも不思議な縁を私は感じるのである。

第2章　テストに失敗はない

新製品、新事業を追い求めて

時々思うのであるが、私は若いころから新しいことに興味を持ち、新しいことを追い求めるのが好きなようである。

慶應義塾大学文学部史学科に学んだ私は、技術とは全く関係のない学科を卒業し、メーカーである日本ルツボに就職した。昭和35年のことである。その後は、国内営業、海外関係の仕事に従事し、また日坩築炉工業に出向して築炉の仕事にも携わった。

慶應では、未知の歴史、文化を知りたいと思って、文化地理研究会というサークルに所属していた。同研究会は、日本各地を旅行して、その文化・歴史を学ぶのが主な研究活動であった。単一民族、単一文化といわれる我が国だが、東北も九州も歴史、風土が違い、人情もそれぞれ微妙に異なっていることなど、さまざまなことを学んだ。しかし、技術的な勉強には全く縁がなかったのである。

最初に配属された職場は営業部で、入社2年目だったか、技術サービス室が新設され、私は営業と兼務で担当になった。仕事は、特許出願のための弁理士との連絡、特許資料の検索、そして出願された新製品の売り込みであった。弁理士は木本先生で、御高齢であったが、特許の重要性を若い私に情熱をもって教えて下さった。私が後に特許好きになったのは、この時の木本先生の影響が大きかったと思う。

特許に関するこのような仕事をしていると、門前の小僧の如く、次第に用語や原理も覚えて、技術的なことに興味を持つようになった。この最初の仕事のおかげで、その後営業部に転属になってからも、客先が使いやすく、自分が売りやすい製品をどうにか開発できないものかと、いつも考えながら仕事をしていた。事実、営業マンといっても、技術部門や工場部門と一緒に仕事を進めることが多かった。

こうして、いくつかの新製品を作り出すことができた。製品には、一般的にライフサイクルというものがあるが、私が主体となって開発された製品の一つは、数十年経った今でも大量に売れている。客先の役に立っているからであろうし、競合メーカーもこの長期間の「ブランド品」には手を出してこない。

私が初めて製品開発に挑戦したのが、「Ｇパックス」という製品である。これは鋳物屋さんの取鍋やキュポラで使われる不定形耐火物の走りである。

その頃、当社は「ニッカンパックス」という名で、新製品を売り出していた。当初はパウダー状で出荷し、お客様の工場で加水混錬して使用してもらう計画であった。私は技術サービス員として、工場の仕様に基づいてお客様の工場に出向き、実際に混練してみたが、その作業は大変難しいことであった。仕様書通りに水分10％で混練したら粘りが強く「モーターが焼けてしまう！」と現場の人から怒鳴られたことを今でも鮮明に覚えている。そこで私は、まず我々の工場で混錬してから出荷するよう提案した。

しかし、まだ問題があった。客先では「ニッカンパックス」を並形レンガ状に切って使うのであるが、出荷された30キログラムの大きな塊は、なかなか小さく切れなかった。また自社工場に頼み込んで、あらかじめ切って出荷したが、輸送途中でくっついてしまう。そこでまた私は「セロハンを挟んでほしい」と頼み、その案でうまくいくようになった。

　現在はセロハンの代わりにビニールシートが用いられ、私のアイデアはいまだに使われている。今考えると、実用新案を出しておけばと悔やまれる。

　またある日、客先から「日坩でも白モノを造るのか」と言われ、ハッとした。「客先の間では、当社は黒モノのイメージがあるのだ」と気付き、当時の技術のトップである杉山巌さんに「墨汁を使ってでも良いから、黒くしてほしい」と提案した。その杉山さんから「墨汁というわけにはいかないから、廃坩（使用後の黒鉛坩堝）を集めろ」と指示され、懸命に客先を回って廃坩を集め、工場に送った。

入社後、初めて開発に挑戦した「Gパックス」

　廃坩の汚れを研磨し、粉砕整粒したものを入れた「黒いニッカンパックス」は品質も良く、客先に喜ばれて、順調に売り上げを伸ばした。その後、供給の不安定な廃坩ではなく、市販原料である土状黒鉛を使うようになった。白モノの「ニッカンパックス」に、黒鉛（Graphite）を入れて黒くしたものが「Gパックス」である。昭和39年の東京オリンピック景気でGパックスは面白いように売れた。

入社間もない私のアイデアを、技術部門の方々が取り入れてくれ、新製品として改良してくれたことは、今でも大変有難く、感謝している。なお、この「Gパックス」は、現在も年間数千トン出荷されている。Gパックスの開発に携わったことで、文系出身でも新製品開発に携われることを実感した。試行錯誤した日々は苦労も多かったが、50年以上経った今でも売れ続けている製品を世に出せたことは何物にも代えがたい。

〈コラム〉シラケることのないように…

私は若い頃からタバコもお酒も全くダメなのです。タバコに関しては何も不自由はありませんでしたが、お酒はできることなら飲めるにこしたことはないと思っていました。

若い頃には「営業をするには酒くらい飲めないと駄目だ」「俺の盃を受けられないのか」「タバコも酒もやらないで何が楽しみで生きているのだ」……等、よく言われたものでした。お酒は飲めるようになろうと一生懸命に努力しましたが、一向に上達はしませんでした。ここでお酒にまつわる私の一番のエピソードを書かせていただきます。

私は昭和35年に日本ルツボに入社しました。新入社員は5人で、私は営業に配属され、先輩たちが私の歓迎会をしてくれました。飲めないので断り続けながら、鰻丼をご馳走になっていました。先輩たちも一杯入って来ましたので、私へのお酒の進め方もだんだんエスカレートしてきました。私は覚悟を決め、前に並んでいた徳利を手に取り、鰻丼の空いた丼になみなみと注ぎました。その間、大分酔いがまわった先輩たちもシーンと静まり返り、私の仕草をじっと見ていました。それは私にとって大変な快感でした。主賓席に座らせていただいていた私は、畳からやおら立ち上がり、後に流行ったイッキ飲みスタイルで全部飲み干してしまいました。

「立派だ！」「飲めば飲めるではないか」「もう一杯どうだ」「歌え」という大きな声が聞こえました。前年の夏休みにバイク一人旅で訪れた花巻温泉で覚えた「北上夜曲」を歌いました。まだマヒナスターズも歌っておらず、この地方だけで歌われていた曲でしたから、誰も知らないものでした。偶然にもその年から「北上夜曲」は大流行。私の自慢の一曲です。

話が横道にそれてしまいました。

歌い終わるまでは何とか良かったのですが、それからが大変でした。だんだん気持ちが悪くなってきて、それからはずっと洗面器と睨めっこでした。

さて、これからがこの話の本番になります。

やっと解放されて家に帰れるかと思ったら、タクシーで銀座のキャバレーに連れていかれました。もうその頃は新入社員歓迎会なんて全く関係のない、単なるダシに過ぎませんでした。キャバレーに入ってからも、初めから終わりまで、つるのあるブリキのバケツとずっと睨めっこでした。つるのガチャン、ガチャンという音が今でも耳にこびりついています。

当時、恵比寿にある会社に宿泊設備があったので、タクシーで帰ろうとして外に出たら雨でした。やっと捕まえたタクシーに4人で乗り、私は太った人と背の高い人に支えられ、後部座席の中央に座りました。助手席に体格の良い元気さんが乗ったことが、あとで大問題になってしまいました。何の理由かはわかりませんが、助手席の元気さんが運転手とケンカになってしまったのです。運転手は身の危険を感じてか、交番の前に車をつけ、飛び込んで行きました。同乗の3人も一緒に交番の中に入っていきました。動けない私は、そのままタクシーの中です。

元気さんが「俺は殴っていない」と主張したとき、運転手が指で自分の胸を指したそうです。そこには雨で濡れた靴の跡がはっきり残っていたとのことでした（後々、このことが話題になると、大笑いになりました）。

間もなくパトカーの音が聞こえてきました。我々はパトカーに乗せられ、築地警察署に連れて行かれました。私は相変わらず一人では歩けず、木のベンチに寝かされました。他の3人は取り調べを受け、一晩留め置かれました。

幸い、私は何時だったかは覚えていませんが、会社の人が迎えに来てくれ、帰ることができました。気がつくと、会社の宿泊施設で、服を着たまま毛布を被って寝ていました。

目を覚ましてポケットに手を入れたら、鳥のもも焼きがありました。巻いてあった銀紙がとても眩しく、かぶりついたその時の味は今でも忘れられません。

お酒に関しては苦い思い出ばかりの私ですが、勧めてくださる方は皆さん親切で、おもてなしの気持ちでおられるのです。シラケることのないよう、ご好意を心より感謝申し上げ、失礼のないようお断わりしようと思っております。

テストに失敗はない!

開発は、うまくいくものばかりではない。むしろ、うまくいかないことの方が多いものである。

1960年代、営業マンとして製鉄会社を担当していた時期のこと。当時の鉄鋼業は経済の高度成長を牽引して、今とは違う意味で活気があった。当社も新製品を次々と開発し、鉄鋼増産に大いに貢献しながら成長を続けていた。前述したように、文系の私もいろいろな技術・製品アイデアを積極的に社内外に発信したものである。

私は新日鐵と川崎製鉄(現・JFEホールディングス)を担当していたが、仕事の進め方がまったく違う感じを受けていた。新日鐵は組織で進め、会議で全て決めるので何事にも時間がかかり、対照的に川鉄は個人に任されている部分が大きく、何を決めるのも早いという印象だった。

そんなある日、川鉄の若きエンジニアから「真空脱ガス槽の壁に鋼が付着してしまい困っている」という話を聞き、私は「壁そのものを発熱させれば付着しなくなるのでは」と提案。「黒鉛ルツボ材質であれば、電気が流れるので発熱するはずです」と説明したところ、私のアイデアを大変気に入ってくれた。当時そのエンジニアは掛長（製鉄会社独特の役職表現）の立場だったが、ご自身が所属する製鋼部だけでなく、研究所全体を説得してくれ、両社で大きな技術開発プロジェクトがスタートした。

これが成功すれば、とても大きな仕事になる。「川鉄も儲かるし、うちの会社も大きな商売になるぞ」と、私は社内でも得意顔で有頂天になっていた。ところが、たくさんの人とお金を注ぎ込んで1年ほど研究を続けたものの、どうしても技術的に解決できない点があり、その開発は断念せざるを得ない結果となってしまった。

期待が大きかっただけに、私は本当に重い足取りで、川鉄にお詫びに向かった。大成功どころか大損害を与えてしまったのだから、出入り差し止めにされても仕方がないと思っていた。

「掛長さんの顔に泥を塗るようなことをしてしまい、誠に申し訳ありません」と詫びる私に、彼は怒るどころか「我々が気付かなかったことを提案してくれて、とても勉強になったよ」と穏やかに言われた。

「岡田さんのヒントで、川鉄がどれだけ啓発されたことか。結果的に採用にならなかったかもしれないが、いろいろなことが解明できたことに意味がある。テストに失敗はないよ」と。

私は心を打たれ、涙してお詫びし、深く感謝した。この若きエンジニアこそが、後のＪＦＥホールディングスの数土文夫社長である。このような出会いができたことは、私にとって大きな誇りであり、今でもお付き合いいただけることは大変に有難いことだと思っている。また、この時に数土氏の言われた「テストに失敗はない」という言葉は、製品開発だけでなく、人生そのものを表す言葉として、私を支えてくれる座右の銘となっている。

欧州進出　国産耐火物の可能性を広げる

昭和30年代後半からの日本の鉄鋼産業の高度成長は、ものすごい勢いであった。その成長につれて、耐火物の性能も急速に向上進歩していた。そのころから私は、高性能である日本の耐火物は、世界でも通用するはずだという思いを抱いていた。

川崎製鉄・千葉製鉄所、八幡製鐵・君津製鐵所の営業を担当していたのだが、そこのお客さん方はよく海外の製鉄所に出張されていた。彼らからの情報で、黒鉛定盤は当社独自の開発製品であり、海外では全く使われていないことを知った。そこで私は、黒鉛定盤は輸出の可能性があるのではないかと考えた。

タイミングの良いことに、当時、義兄・宮本淳四郎がキッコーマンのアメリカ進出のため家族でサンフランシスコに住んでいた。私はポケットマネーで義兄を頼ってアメリカに行き、事前に川村福二社長から連絡をもらっていた田中実さんが、アメリカの坩堝メーカー・ディクソンに案内してくれた。そこで、アメリカではやはり黒鉛坩堝やストッパーヘッドは生産されているものの、黒鉛定盤はまったく生産されていないことがわかった。

帰国後、広瀬武久常務に輸出の仕事をしたいとお願いしたところ了承され、貿易室が新設される運びとなった。しかし当時の私はただ輸出の仕事がしたいという熱意だけで、英語も貿易業務もさっぱりわからなかったのである。そのために貿易業務に精通した海老沢君、重光碩君（元社長）、佐野俊昭君（現専務）などに外部から来てもらった。

そして、忘れもしない昭和44年９月２日。三井物産の小池拓夫さんが偶然当社を訪ねてきてくださった。私は、「Good Chance!」とばかりに、当社が当時の富士製鉄と共同開発した「黒鉛定盤」の話をした。彼はこの製品に大変興味を持ち、「貿易業務については物産が教えましょう」と言ってくれ、一緒に輸出の仕事をすることが決まった。私は国内営業職と兼務する形で、自らその任についた。その後、貿易実務経験者数人を中途採用。アメリカ人のジョージ・ハイトも加わった。当社にとっては初めての外国人採用であった。

体制が整った昭和45年、私は小池氏と初めて欧州に渡った。ところが、世界的に鉄鋼の生産は連続鋳造になってしまい、当初私が考えていた黒鉛定盤の輸出はイタリアとルクセンブルグに少しできただけで叶わなかった。しかし、回を重ねて英、仏、独、伊の鉄鋼会社を訪ねるうちに、武田健三君、高橋一彦君らの努力で、高炉用不定形耐火物（出銑樋材と出銑口用マッド材）の現地生産企画が持ち上がった。欧州でパートナー企業を見つけ、技術ライセンス化して現地で生産販売する運びになった。もっとも、最初は配合済みの原料を日本から送り、現地で混練、梱包し、客先に納入。納入後は、当社の技術者が施工の立ち会いを行った。

この現場ベースでの市場調査と現地生産企画の実施調査の後、昭和50年にドイツのボンに、当社・三井物産・独バサルト社による合弁会社（RUMIICOGmbH）が誕生した。この会社は、現在でも地道に生産販売活動を続けている。また、同時期にブラジルとメキシコに同じ技術を供与した。この間、東南アジア市場への製品輸出も事業として成長し、現在に至る。

ドイツ、ブラジル、メキシコのパートナー企業との技術協力契約は、関係者の弛まぬフォローのおかげで、40年以上過ぎた今でも継続している。本当に有り難いことだと思う。

〈コラム〉人の役に立つものを作る

物づくりに必要な姿勢を挙げるとするなら、まず第一に「人の役に立つものを作る」「人に認めてもらうものを作る」ということがあります。企業はすぐに「儲かるか、儲からないか」から始めてしまいます。しかし、儲からないものというのは、よく考えると役に立っていない。人の役に立たないものは売れないのです。例えば私は、常に自分の考えやアイデアで、いかにお客様に貢献するかを考えてきました。

また、社員からはよく私の話は「データレス」だと言われています。データがあるということはすでに誰かがやられたことで、決して新しいことではありません。新製品の開発には「カン」が非常に大切だと思います。カンというと一般には非科学的に思われがちですが、私はその道を極めた人に与えられる「勲章」だと思います。私の高校の２年先輩の長嶋茂雄さんも、野球の世界では「カンピューター」が働いても、サッカーの世界ではカンは働かないでしょう。

若い人たちは是非「挑戦する気持ち」を持ち続け、「テストに失敗はない」の精神で、新技術・新製品の開発に挑戦してほしいと願っています。

第3章　転身

昭和62年、私はそれまで27年間勤めた日本坩堝をいったん退社した。実家の兄と一緒に、ゴルフ場の建設・運営の仕事をすることになったのである。耐火物の販売からゴルフ場総支配人という畑違いの大転身。総支配人時代のエピソードを綴る前に、私にこのような大きな決意をさせてくれた兄について語っておきたいと思う。

兄から学んだ「事業的カン」

兄・藤﨑孝雄は、旧制佐倉中学（現・佐倉高校）を卒業後、すぐに父の林業を手伝った。家は代々地主であったが、農地は終戦直後に解放されてほとんど失ってしまった。しかし、山林は残されていたため、その山林の木々を切り、原木を製材工場に売って生計を立てていた。

原木を売るために、ある時トラックを購入した。当時はガソリンがなく、木炭や小さな薪で走っていたので、トラックは故障ばかりしていた。その後、実家は製材工場を入手し、原木のままではなく製材した板や柱を出荷するようになった。兄は、その製材工場の中にトラックの修理工場を併設したのである。そのうちに、自分のトラックばかりでなく、外部からも修理を頼まれるようになり、車の修理も商売にするようになった。昭和三十年代初めの頃である。兄は車の修理に精通し、修理工場は活況を呈した。輸入木材の攻勢で製材事業が厳しくなったこともあり、製材業から運送業へと事業を転換した。

その後ディーゼル車が普及し始めると、修理工場にはトラックや乗用車だけでなく、ブルドーザーなど建設機械の修理依頼も入ってくるようになった。兄は、このブルドーザーに興味を持ち、ついには土木業に進出した。当時日本で一番大きいというブルドーザーを手に入れて、とても自慢していたことを覚えている。

兄は工事業者としてゴルフ場建設も経験した。ある時、人から勧められてヘリポートを造る事になった。土地は自分の山林があるし、ブルドーザーなど手持ち機械設備もあるので、ヘリポートは兄にしてみれば決して難しいものではなかった。正式に建設許可をもらって整地した頃に成田新国際空港開設が決まったため、近隣であった兄のヘリポート計画は中止せざるを得なかった。そのために整地された土地は、次の利用方法が分からないまま放置されていた。昭和四十年代の頃である。

どのような経緯だったか私は知らないが、その頃、兄はゴルフ練習場を造った。すでに、近隣では成田新国際空港の建設が始まっていたため、工事関係者などでこの練習場は大いに繁盛した。ネットの中だけの練習では飽き足らない客達が外に出て球を打つようになり、山林の中には一つ二つとホールが出来ていき、最終的には27ホールを備えたミニコース「トーカンゴルフコース」が誕生してしまった。コースは当時のゴルフブームに乗って、年間7万人以上の客が入るという大変な人気のゴルフ場になった。年中無休、グリーンカットもお客様のプレー中に、という運営方法も大変ユニークなゴルフ場だった。

そして世の中がバブル期を迎え、日本中いたる所でゴルフ場の建設ブームが続く中、兄はこのミニゴルフコースをやめて会員制の本格的なゴルフ場を造ることを決断した。私にとっては、生まれ育った家の裏山が会員制のゴルフ場に変わるなど信じられないことだったが、兄の話を聞いているうちに、自分も無性にゴルフの仕事をしてみたくなった。

そこで、父・眞雄と、日本ルツボに入社する際にお世話になった叔父・茂木克己に相談し、日本ルツボを退社。兄と一緒に「久能カントリー倶楽部」設立の仕事をすることになったのである。

長嶋茂雄さんとの縁

さて、兄のことを語るとき、忘れてはならないのが長嶋茂雄さんとのご縁である。話は横道にそれるが、しばし長嶋茂雄さんの思い出話にお付き合いいただきたい。

兄は事業展開のかたわら、地域への奉仕も積極的に行っていた。学生時代に野球をしていた縁で、若い頃は母校の野球部でコーチもしていた。その時教えた選手の一人が、長嶋茂雄さんである。長嶋さんは私の高校時代の二年先輩でもあり、兄との関係もあって、親しくさせていただいた。また当時、監督として長嶋さんを指導されていた加藤哲夫先生とは、お互いに八街市にある千葉黎明学園の理事としてよくお会いした。

平成25年5月5日に長嶋茂雄さん、松井秀喜さんへの国民栄誉賞の表彰式が東京ドームにて行われた。お二人の入場、安倍総理より賞状と記念の黄金バットを受け取る姿、またオープンカーから満面の笑顔で手を振る様子、王さんとの抱擁、ピッチャー松井さん、バッター長嶋さんの対決場面……、私は食い入るようにテレビを見ていた。

ある友人は抱擁の時、長嶋さんと王さんは何を話したのだろうかと言っていたが、私はライバルとしての王さんのことを考えていた。同じチームでお互い切磋琢磨され「記憶の長嶋」、「記録の王」と言われ、今日の受賞になったのではないかと思う。また今回の表彰に「長嶋は遅かった、もっと早くもらうべきだった」「松井は少し早いのではないか」の声もあったが、私はお二人が一緒に表彰されたことに大きな意義があると思う。指導者の体罰、暴言の問題、人間関係の絆の希薄化が叫ばれている昨今、長嶋さんが松井さんを指導している様子を録音したテープを聞いたことがあるが、実に楽しそうな声だったと記憶している。良い師弟関係の見本だと思う。また日本がアベノミクスで再び明るさを取り戻しつつあるこの時期に、実にタイミングの良い儀式だったと思う。

その後、長嶋さんは千葉県民栄誉賞、佐倉市民栄誉賞を受賞された。私は幸い佐倉市民栄誉賞の表彰式には参列でき、本当に久しぶりに間近で長嶋さんを拝見し感動的だった。私の実兄、藤﨑孝雄も、サード長嶋のボールを一塁手として受けていた莇輝雄さんも天国でさぞ喜んでいることだろう。

加藤先生とはこの国民栄誉賞表彰式の２日前（５月３日）、千葉黎明学園・西村清理事長のお嬢さんの結婚式でも一緒だった。先生は、かつて砂押邦信監督が率いる立教大学野球部に所属されていた。大学在学中に母校佐倉一高の野球部監督に就任されている。その時の選手の一人に長嶋さんがいた。「長嶋君は高校2年の秋まではショートだったが、急に背が伸びたせいかトンネルが多くなり、サードにコンバートした」と加藤先生からよく聞かされている。「サード長嶋の誕生」である。

この加藤監督の縁で長嶋さんは立教の砂押監督の所に行ったのである。よく歴史に「もし」があればと言われるが、もし加藤先生が監督でなかったら、もし砂押監督と出会わなかったら、もし他の大学か直接プロに入っていたら……、長嶋さんの人生も大きく変わっていただろうと思う。

昔のことで恐縮だが、忘れられない長嶋さんとの思い出を4つ記しておきたい。

「プロ入り第一号ホームラン」

長嶋さんのプロ入り第一号ホームランは、昭和33年4月10日、後楽園球場で大洋ホエールズ・権藤正利投手からである。この日の午前中、長嶋さんは市川市にある原木山で挙行された私の兄の結婚式に出席されていた。結婚式場近くで写生していた多くの小学生たちが長嶋さんのことを聞きつけ一生懸命探していた。冗談好きな叔父が「本人は帰ってしまったが、あそこに弟がいる」と言って私を指さしたとのこと。私は何が何だかサッパリ訳が分らないまま、多くの小学生に囲まれてしまった。「弟ではない、長嶋さんにはお兄さんがいても弟はいない」と真面目に話しても「似ている。似ている。嘘をついている。本当は弟なんだろう。サインして！」とまあもみくちゃにされ、どうしても離れてくれなかった。確かに若い頃私は、何人かに長嶋さんに似ていると言われたことがあり、内心うれしい気持ちだったが、こんな体験は一生に一度だけである。

「茂雄がお世話になっています」

昭和34年3月23日のこと、当時富里村久能の私の実家に遊びに来る予定の学生仲間8人が上野から成田に向かう途中、印旛沼を見に行くことになり、京成臼井駅で下車、沼に行く途中に長嶋さんの実家があるのを知っていたので荷物だけ置かせてもらおうと思い訪ねた。私は、長嶋さんのお母さんとは全く面識はなかったが、「久能の丸山（屋号）です。」と挨拶したらすぐに分かっていただけて、快く荷物を預かってくれた。沼辺をしばらく散策して戻ったら何とテーブルに食事が用意されていた。全く想定外の出来事だった。さらに我々の仲間の1人に飯野海運の御曹司がいた。長嶋さんの下宿先が彼の親戚だったことから、お母さんは彼に「茂雄がお世話になっています。」と丁寧に頭を下げられた。近年になって、その時のメンバーに連絡したら、2人の女性は食事の内容まで覚えていた。更に1人は「私、お礼状を出したのを今でも覚えているわ」というほど強烈な出来事だったのである。

「長嶋さんと二人でお風呂に」

昭和35年2月3日の節分に長嶋さんは、年男として成田山の豆撒きに呼ばれた。私の兄がスポンサーで、梅屋旅館に席を取った。斎戒沐浴のためホスト役の私がお風呂に案内し、二人で入った。長嶋さんが入っているのを知ったファンが大勢入ってきたので、私たち二人は慌てて風呂から飛び出した。その後、長嶋さんは上衣、袴で身を正し、若い鳶職たちの肩に騎馬してあの急な成田山の石段を上がっていった。その若かりし長嶋さんの勇姿が、今も私の目に焼き付いている。

成田山の本堂で豆撒きの大役を終え、梅屋旅館に戻った長嶋さんは、ファンから頼まれて色紙やバット、ボールにサインをされた。当時、私はバットを並べたりしてその手伝いをした。その時に写した記念写真は今も私のアルバムにある。国民栄誉賞の受賞により、この写真はますます貴重なものになった。

成田山新勝寺節分会での大役を終え、梅屋旅館でくつろぐ長嶋茂雄さんと（長嶋氏をはさんで右隣が兄・藤崎孝雄、左隣が筆者）

「野球どうする?」

長嶋さんからいただいた招待券で、昭和35年3月5日に巨人・西鉄のオープン戦を平和台球場で観戦したこともある。

私は昭和34年の夏休みに東北6県を23日間かけてバイク一

人旅をした。続いて翌年の春、卒業記念にと思い、九州一周も実行した。就職が決まっていた日本ルツボの小倉営業所にバイクを送り、小倉を起点に九州一周バイク一人旅に出た（バイク旅の詳細は1章に）。途中博多に着いた時、巨人・西鉄のオープン戦があることを知り平和台球場へ。バスから降りてくる長嶋さんに会えた。成田山の節分で会ってからいくらも日が経っていないので長嶋さんはすぐ気づいてくれた。私のバイク姿に驚いた様子だったが、例の甲高い声で「野球どうする?」と聞かれたので「是非見たい!」とお願いした。「じゃ、ちょっと待っていて」と言って、しばらくして招待券を持ってきてくれた。試合の写真を撮ってアルバムに貼り、そのアルバムに後日サインまでいただいた。そのアルバムは今でも大切に保管している。その日の私の旅日記には「長嶋さんは5打数1安打、巨人は8対4で負けた」と書いてある。

また、野球が終わり巨人の選手が乗ったバスの後をついて行くと、金洋荘という旅館に着いた。長嶋さんにここに泊まりたいと話したら、「ここは巨人軍の貸し切りなので無理だから、コーチの人達の泊まっている旅館を頼んでおいてやるから」と、牡丹荘という旅館を世話してくれた。牡丹荘で、炬燵で水炊きをご馳走になっている時、その席でコーチの浜崎真二さんが、他のコーチ達と盛んに藤田元司投手の肩のことを心配していた。

このように若い頃に縁のあった長嶋さんが後年、国民栄誉賞、千葉県民栄誉賞、佐倉市民栄誉賞を受賞されたことは大変嬉しいことであり、佐倉一高時代の後輩として大きな誇りでもある。

久能カントリー倶楽部オープン！

話をゴルフ場総支配人時代に戻そう。

「久能カントリー倶楽部」設立事業にあたって、兄はコース建設、私は主に会員募集に従事した。

コース設計は加藤俊輔氏、施工は大成建設。ハウスの設計はノルテック総合設計、施工は鹿島建設であった。

コース設計をお願いした加藤先生は「ここは3つの地が良い」と言っていた。

一つ目は都心から1時間ほどで来られる立地の「地」。

二つ目は適度な高低差のある地形の「地」。

三つ目は腐葉土を多く含んだ地質の「地」である。

ハウス設計の担当は松寿章氏。当初、ハウスの屋根は石板をのせる設計だったが、私のアイデアを取り入れてくれ、銅板葺きにしてくれた。両国国技館の屋根が素晴らしかったので、同じようなものを造れたらよいと思い、国技館の屋根を施工した業者を私自身が探し出し、施工をお願いした。

カウンターも、当初は大理石を使う設計だったのが、天然木の一枚板で製作したいという私の希望をここでも採用してもらえた。カウンターに使われた木は、伐採現場で見た時から「これをカウンターにしたい！」と考えていた木である。通常の製材用よりもずいぶん長い10メートルで切ってくれるよう依頼したため、作業者の皆さんは製材工場に運ぶ際に大変苦労されたようだった。その他、個室を多くするとか、その個室の天然木テーブルやネーミング、浴槽の入口を広くすることや女性用シャワーの場所など、随所に自分のアイディアが採用され、嬉しかったことを覚えている。

久能カントリー倶楽部は、昭和63年4月10日に起工式を行い、翌年の平成元年11月28日に開業した。1年7カ月という工期は、大成建設、鹿島建設にとっても記録に残る短期間のものだった。これは会長である兄が現場に立って作業者に直接指示する、現場での決断のおかげだったと思う。

会員募集に「くのう」の日々

カントリー倶楽部での私の一番の仕事は、会員募集だった。会員を募集するためには、まず会則を作らなくてはならない。あちこちのゴルフ場の会則を参考にして、ああでもない、こうでもないと試行錯誤しながら自分で考えた。当時発売されたばかりのワープロを使い、「くのう」と打ち込んだら、なんと「苦悩」と変換された。ようやくある程度まとまった文章を打ち込んだと思ったら、うっかりコードを蹴飛ばして電源が切れてしまい、あっという間にすべての文字が消え、悔しい思いをした。

久能カントリー倶楽部に全く知名度はない。会社方針で当初の募集対象は上場企業の一社一口のみとし、さらに会員権業者は一切使わない。私は会員募集の経験は全くなく、大学や高校の友人を頼って募集の努力をしてみたが、ほんの数口しか集められなかった。当時キッコーマンの社長だった叔父・茂木克己が理事長だったので、その関係先や他にも理事をお願いした方の関係先など、一軒一軒を訪問して会員になっていただいたが、それでも目標には届かなかった。

当初の取引銀行は県内の千葉銀行、京葉銀行、千葉興業銀行、成田信用金庫だったため、上場企業との関係はあまり深くなかった。心配した父・眞雄が千葉ＣＣのゴルフ仲間である金井正男さんに相談したところ「上場企業の法人メンバーを募集するなら、日本興業銀行にお願いするのが一番良い」とのアドバイスをいただいた。そして金井さんのお世話で興銀の亀井真人・東京支店長（当時）を紹介していただいた。その後、当時の西村正雄常務にお会いした際、私の義弟・西村和夫と従弟であることが分かり、急速に親しみが増した。

久能カントリー社長の鈴木國男さんは千葉銀行の出身だったが、日本興業銀行と取引することを積極的に応援してくださった。条件も一企業４口までとし、生命保険会社は上場していなくともよいと条件を緩和したこと、興銀が本気になって動いてくれたことで、募集は急速に進んだ。会員権業者に一切お願いすることなく、無事に会員募集ができたことは本当に有り難いことであり、当時お世話になった方々には今でも感謝の気持ちで一杯である。

平成元年のオープン後は、私は総支配人としてゴルフ場の運営を担当。自分で募集したメンバ

久能カントリークラブ。コース設計をお願いした加藤俊輔氏も注目した地形の良さ。自然の高低差を活かした美しく変化に富んだコースを見るたび、実兄の事業的カンの鋭さに感服する

ーさんを毎朝お迎えすることは、実に楽しいことであった。親しくなったメンバーさんが、一緒にプレーに来られた方々に入会を勧めてくださったり、メンバーさんの推薦により入会された方も多い。オープン後の会員募集は、メンバーさんがしてくださったものと思っている。しばらくして県内の銀行からの強い要望があり、非上場企業のために平日会員を募集した。会員募集に携わったのは、ほとんど私一人だった。貴重な体験ができたことに自己満足している。

平成7年2月に再び日本ルッツボに戻るまでの間に、私は兄から多くのことを学んだ。申請許認可、コース造成からクラブハウス建設、社員募集、キャディー教育、食堂委託、理事会メンバー編成、会員募集、さらにオープン後の運営と、兄の片腕として実に様々なこと

に携わることが出来たのは、私にとって本当に良い勉強であった。また、このとき多くの人を知りえたことは、その後の仕事にも大いに役立ち、幸せなことだった。久能CCでの経験は、日本ルツボに戻ってからの仕事はもちろん、私の人生の大きな財産になっている

また、兄はとにかく「カン」が鋭かった。とくにディーゼルエンジンの音を聴いて車の故障箇所を当てたり、ゴルフ場建設時にブルドーザーが走っている近くに立って、その振動を感じながら地盤強度を判断したり、「音感的カン」が鋭かった。そして様々な事業をこれまで展開したように、時流と景気の動向をいち早くつかむ「事業的カン」も鋭かった。兄はバブルが崩壊することを予想して、ゴルフ場建設の工期を短縮させ、鍬入れ式から1年7カ月という短期間で確実にオープンできる状態にしたため、会員募集も満足できる条件で出来た。もし、もう一年オープンが遅れていたら、募集条件を大幅に変更せざるを得なかったと思う。この兄の「カン」は、すべての決断を自分一人でしてきたことで、理論だけではなく、体を張って全財産を張って仕事をして来たことから生まれたものであろう。

兄の藤﨑孝雄は、2006年9月10日に76才でその生涯を閉じた。私はもっと長生きしてくれ

私のアイディアが随所に取り入れられたクラブハウス。ここで多くのお客様をお迎えし、親交を深めた

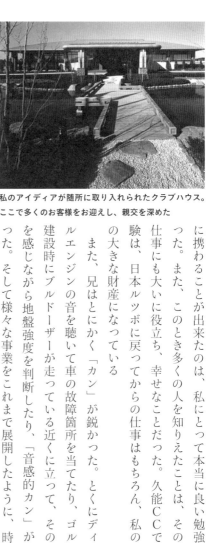

るものと思っていた。

兄は晩年になっても、母校・佐倉高校野球部に物心両面での支援を続けていた。バックネットやボールを寄付したり、また野球部員達に焼肉などをご馳走するのが大好きだった。

「ともかく「(兄の口癖の枕詞) よく食うぞ!」と言って喜んでいた。兄の通夜に駆けつけてくれた白いワイシャツ姿の野球部員達に、スポーツシャツ姿の兄の遺影が微笑んでいた。

こうして兄のことを考えていくと、若いときから心身共に全エネルギーを使い果たしてしまったのかなあとも思う。兄の冥福を祈ると同時に、私は兄の分まで生きて社会のために役立っていきたいと願っている。

渡文明理事長の誕生

久能カントリー倶楽部の初代理事長は私が第三の父として慕っていた叔父の茂木克己でありましたが、体調を崩し、私は四ツ谷のマンションに呼ばれ、後任の理事長を決めるよう指示されました。ゴルフ場の幹部やまだ健在であった兄・藤﨑孝雄と相談して、「慶久会」の会長である渡文明氏を推薦し了解してもらったので、克己叔父の所にも報告に上がり快諾を得ました。「慶久会」とは久能カントリー倶楽部の登録メンバーで、慶応義塾大学を昭和35年に卒業した人を中心にして渡会長の発案で発足した会であります。早速私は渡会長に「久能カントリー倶楽部の理事長にお願いしたい」と申し上げたら、「素人の私なんかにゴルフ場の理事長など務まらない」と辞退されてしまいました。私は諦めるわけにはいかなかったので、手紙や電話でお願いしました。

数か月後の雪がチラつく平成16年12月29日に、東京會舘での昼食に呼ばれました。その席でようやく理事長就任を承諾していただきました。この事を一番喜んでくれたのは兄・孝雄でした。第二次理事会発足時には、渡理事長と新たな理事も加わり、ミニ経団連を思わせるような豪華な顔ぶれが揃いました。理事長はじめ理事のお一人お一人に久能カントリー倶楽部を支えて頂いております。天国の兄もさぞ喜んでいる事と思います。

〈コラム〉養父・岡田眞雄のゴルフ好き

養父・眞雄は無類のゴルフ好きであった。まだゴルフが一般にそれほど普及していない昭和33年

日本経済新聞　2004年（平成16年）4月2日（金曜日）

交遊抄

慶久会

岡田民雄

一九六〇年に慶応義塾大学を卒業して日本ルツボに入社した私は、成田空港の近くでゴルフ場を作りたいという兄に協力して事業に参画し、久能カントリー倶楽部の総支配人をしていた。その後日本ルツボに戻るとき、新日本石油社長の渡文明社長が「慶応同期のゴルフ会を作ろう」と言ってくれ、誕生したのが「慶久会」である。

現在の会員数は二十二人を数える。小糸製作所の加藤順介会長や横河電機の内田勲社長、ディスコの関家憲一会長、日本航空電子工業の飯野英男副社長など第一線で活躍されておられる面々もいる。

慶久会が縁で世に認められたのが、黒鉛ルツボを使ったアルミ連続溶解炉（メルキーパー）である。私が日本ルツボに戻り開発に力を入れたものだが実績がなかった。山武の佐藤良晴社長が慶久会メンバーだったので私はお願いにあがり、「だめだったらすぐに引き取る」という条件でテストをしていただいた。

結果は良好で、二〇〇三年度の日本機械工業連合会主催の優秀省エネルギー機器表彰では、経済産業大臣賞の栄誉に浴することになった。慶久会がなかったら、佐藤社長に出会わなかったら、この炉は生まれなかったかもしれないと思うと、本当に運命の不思議を感じている。（おかだ・たみお＝日本ルツボ社長）

『日経新聞』「交友抄」に載った「慶久会」の記事

に赤羽ゴルフに入会した。その後日高CC、千葉CC、天城日活など合わせて6カ所のゴルフ場に次々に入会し、最後は私が総支配人をしていた久能カントリーの名誉会員にもなった。私は父のお供をして、これらのコースで休日によく一緒にプレーしたものだ。

父は新しいコースでプレーする時には前日にコースガイドで攻め方の研究を良くしていた。また自宅に工作室を作り、小さなボール盤や旋盤を設置し手製のパターを作っていた。ゴルフショップに行って折れたシャフトを貰ってきてはパターのシャフトに使い、ヘッドには古い家の床の間の柱などの廃材を利用していた。完成品はゴルフ仲間にプレゼントしていた。私も何本かのパターを友人に贈った。特に外国人はハンドメイドが大好きで大変喜んでくれた。

ロジャー・ヘイズ氏にハンドメイドのパターを手渡す眞雄

父は長年日本ルツボの専務を務めていたが、70歳になったのをきっかけに毎年3月21日の誕生日に「誕生ゴルフ会」開くことが恒例となり、それは88歳になるまで続いた。幸いその日は祭日でもあり、招待される者にとっても都合が良かった。眞雄の実弟である茂木克己や会社の役員などごく親しい人、甥、姪などで誠に楽しい会であった。今では懐かしい思い出となっている。

第4章　開発は不可能を可能にする

この表題は昔、慶應義塾の塾長であり、天皇・皇后両殿下のご成婚に深く係わられた小泉信三先生のお言葉「練習ハ不可能ヲ可能ニス　信三」をヒントにして私が作った言葉である。

顧客の要望を聞き、一生懸命に開発に取り組む姿勢は日本ルツボの社風でもある。社と顧客の担当技術者が代わったとしても、技術開発に対する姿勢が貫かれていれば、創造的な新製品を必ず世に出せると私は信じている。

私の父・岡田眞雄は技術担当専務であったが、御船時代に水簸粘土を搾るフィルタープレスを、築炉時代に球面軸受を応用して可傾式坩堝炉を、大阪工場時代には前述のストッパーヘッド用の真空オーガーを開発した。私も父に見習って開発に挑戦し、鋳造業界のために不可能を可能にするような製品開発・技術開発に挑戦し続けてきた。

本章では、「開発は不可能を可能にする」の言葉を胸に、社員と共に新製品開発に取り組んだエピソードを中心に綴っていきたい。

再び古巣へ

平成七年、久能ＣＣの立ち上げがひと段落したころ、時はまさにバブル崩壊後の不況下。日本ルツボも非常に厳しい経営状態にあった。日本ルツボの個人筆頭株主でもある叔父・茂木克己や関係者と相談し、私は火中に飛び込むような覚悟で日本ルツボに専務として復職。翌年社長に就任した。

７年ぶりに日本ルツボに戻ったとき、驚いたと表現すべきか、安心したというべきか、感じたことは、製品もユーザーもほとんど変わっていないということだった。

そこで、まず私が取り組んだのはやはり「ものづくり」だった。「既存製品を新市場に、既存市場に新製品を」を基本的な考えにして、従来からの「ものづくり」のあり方を見直し、新しい空気を入れることに専念した。当時、会社の生き残る道は経費節減しかないと思われていたが、会社の発展のためには新製品の開発、新市場の開拓、新事業の構築が絶対に必要だ。私は社長として諦めるわけにはいかなかった。

社長就任後、それまでの鋳造市場、鉄鋼市場に加えて、新たに焼却炉の炉修市場への参入を私は考えた。これまで培ってきた当社の特殊耐火物と工法を駆使すれば、まったく未知の市場ではあるが参入は可能だと思った。環境事業部を新設し、高炉用樋材等で多くの経験をしていた高橋一彦君を初代部長に任命した。

彼らの頑張りで、今では当社の重要部門として育っている。２０１７（平成29）年４月に眞保炉材工業を傘下に収めたことで、今後もさらに拡大していくことと思っている。一方、これまでのヨーロッパ、ブラジル、メキシコ、アメリカに加え、中国やタイなどアジアにも力を入れるようにした。

「日本坩堝」から「日本ルツボ」に

　また、「日本坩堝」は読み難いので、登録社名はそのままにし、通称名を「日本ルツボ」と改めた。「御船工場」も名称から場所が分かり難かったため「豊田工場」とした。そして河津桜を400本程植樹した。その後、大久保社長の時代になってからは、粘土を採掘した後の広い土地を利用して大規模な太陽光パネルを設置し、太陽光発電を開始した。今では大きな収益源になっている。

　柔道でも剣道でも礼に始まり礼で終わるので日本ルツボの会議も礼に始まり礼で終わるようにした。大変古い会社ではあるが経営理念や社訓は無かったため、経営理念として「わが社は創造性豊かな活力に満ちた役職員により伝統を守りつついかなる時代、いかなる環境にも適合する会社を目指します」。社訓として「人に笑顔、仕事に挑戦。社員に安心、社会に貢献。顧客に満足、会社に利益。」を自分で考えた。また社長・会長時代には基本姿勢として、

「永遠に存続する会社にしたい。

社員が安心して働ける会社にしたい。

利益の出る会社にしたい。」と言っていた。

　平成8年に社長に就任して間もない頃から、一行コメント付きの誕生カードを全社員に贈っている。これは相談役になった後でも続けている。社員に感謝し、社員の顔と名前を覚えるのに便

利である。

開発は両刃の剣　身の丈に合った製品開発を

新製品に関しては、苦しい中でも何とか開発ができないものかと技術開発部を強化したが、画期的な新製品はなかなか生まれなかった。売れないばかりでなく、不況のため価格競争が激化して利益はどんどん減ってしまう。なんとしてでもユーザーに魅力のある新製品を開発してやらねばとの気持ちが強くなった。

成田空港が開港したころのことであるからだいぶ昔になるが、私は社団法人日本規格協会主催の「新製品開発教室」に毎週土曜日、二年間ほど学んだことがある。そこで主幹の西堀栄三郎先生から創造性、創意工夫「知識を知恵に」の重要性を叩き込まれ、また「開発は両刃の剣で自分を切ることもあるので気をつけよ」と教えられた。ちなみに、早稲田大学山岳部を卒業してから、マナスル登頂を果たした義弟の日下田實は、西堀先生に目をかけてもらっていたので、懇親パーティーの席で私が日下田の義兄だと知ると、非常に親しくしてくれた。

西堀先生の教えを胸に、身の丈に合った製品開発を心がけようと、最初に取り組んだのは坩堝の用途開発であった。私は、日本ルツボの本業中の本業である「坩堝」に、経営者として強い愛着を持っている。古いと思われている坩堝には、まだまだ新しい機能が隠されているような気がしてならない。

坩堝は、当社にとって最も身近で独自の技術を有する製品であると同時に、このままでは坩堝市場は減衰し、需要もジリ貧になってしまうだろうという危機感もあった。

開発方針は「た・ち・つ・テ・ト」

日本ルツボの開発方針は「た・ち・つ・テ・ト」である。

「た」は「体験」、「ち」は「知識・知恵・チャレンジ」、「つ」は「続ける」、「テ」は「テスト」、「ト」は「トライ」である。特にテストには「テストに失敗はない」という言葉が付け加えられ、例え結果が実を結ばなくとも、その過程でいろいろのことが解明できることに意味があるということが込められている。この五つの開発方針で社員の中から多くのアイデアが生まれ、新製品の開発につなげている。

私は社長に就任してからいくつもの製品開発に挑戦したが、技術的にも資金的にも身の丈を大きく上回るものもあり、残念ながら開発を中止せざるを得なかったものも少なくない。やはり自らの領域である坩堝に係わるものが、成功する確率が高かった。

また、結果的に断念した開発も、決して無駄にはならなかった。粘り強い改良・改善の過程を通して、実に多くの知見を得ることができたからだ。

メルキーパー開発秘話

「メルキーパー」とはダイカスト、砂型、グラビティ用の坩堝式アルミニウム連続溶解兼保持炉の商品名である。その構造はいたってシンプルで、黒鉛坩堝を２つ並べて段差を設け、溶解用坩堝でアルミニウム合金を溶かす。溶湯は樋を通じ保持炉用の坩堝にホットチャージされる。坩堝を使用して連続溶解を可能にした世界初の炉である。本方式では、材料が常に溶湯中で溶かされるので、画期的な低温溶解と適温鋳造を可能とし、溶湯の酸化と共に、水素ガス吸収や介在物生成を抑制できる。また、直火焚きレンガ式炉のような築炉や定期的補修は不要で、坩堝の交換だけでよく、作業環境改善、省人化が達成される。さらに立ち上げ時間が短く、生産しないときには火を止められるので、生産量に応じた効果的な時短操業にも対応できる。

名前は溶解（melting）、保持（keeping）から「メルキーパー」（図１）とした。

メルキーパーは、アルミニウムの溶解炉に求められる三大要素、すなわち省エネ、高歩留、高品質を満足させた炉であると私は信じている。特許は国内で平成18年度に取得し、また海外のアメリカ、中国、タイなど、多くの国で取得している。また、平成16年度に経済産業大臣賞、平成15年度に社団法人日本ダイカスト協会より小野田賞、日本鋳造工学会より豊田賞、を受賞するなど、全部で６つの賞を受賞した。２００８年末で日本では１３５基、ライセンス先の中国で14基、タイで13基販売されている。

メルキーパーの開発については、多くの苦労と共に忘れがたい思い出も多い。

メルキーパー誕生のきっかけは、ダライッコメルターのテストの失敗からヒントを得た。油付きアルミ切粉リサイクルのニーズは非常に高かったので、私は坩堝を使った炉でリサイクルできないかと考え、「ダライッコメルター」のネーミングで技術者とともに開発に努力した。しかし煙の環境問題、油が付着しているため作業環境の問題などで成功はしなかった。しかし、私はそのテストを見ていて、インゴットやリターン材であれば溶解が可能なのではないかというヒントを得た。まさに「テストに失敗はない」であった。

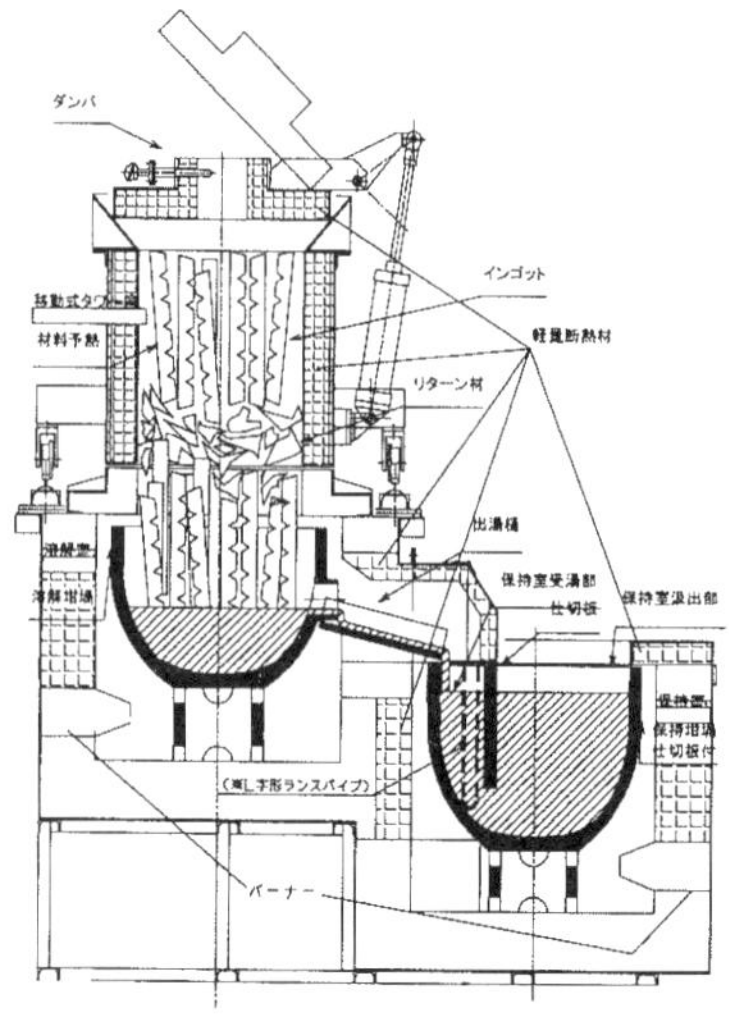

図１　メルキーパー炉構造

最初に私が提案したのは、掃除しやすい炉を作ることだった。アルミの酸化物はとにかく硬く、その除去はユーザーが一番困る点である。新たな掃除の方法をスタッフと検討し、多くの方法にトライしたが成功はしていない。直火焚きレンガ炉にすると、「オバケ」の問題は避けられない。だったら、築炉や定期的な補修のいらない坩堝炉構造にしたらいいのではないか？　そんな発想がスタートだった。

これは坩堝の用途開発にもつながるアイデアでもあった。

どのような理由で坩堝が使われなくなり、それに代わり坩堝不要の炉が普及したのか？　ダイカストでの坩堝炉では連続溶解が難しいことが挙げられる。連続でも使ってはいるが、注湯時の温度のバラツキが大きく、エネルギー消費量が多い。逆にメリットとしては、設備費が安く簡便である、高品質の溶湯が得られる等がある。

そこでまず私は、坩堝を使って連続で溶解する方法はないものかを考えた。それには坩堝を二つ、段差をつけて並べ、一方で溶解した溶湯をもう一方に樋で移し、適温にして汲み出せば連続で温度のバラツキの小さな炉が開発できるのではないか？　省エネについては、昭和46年に東京ガスと開発した「ジェットメルター」のタワー部にヒントを得た。溶解用坩堝の上に、移動式のタワーを設置してはどうだろうか？

「ジェットメルター」は、当時画期的なアルミ急速溶解炉として業界に普及したものである。これまで間欠操業で用いられていたものを、「ジェットメルター」を基本に小型化し、二つの坩堝の組み合わせにより、連続的に溶解・保持ができる構造にしようと考えた。

ガンコ者同士の絆

この開発は坩堝技術がベースになるため、坩堝炉を専門に手がけてきた吉川英雄君に私のアイデアを話した。彼と私は昭和35年の同期入社で、入社以来700基以上の坩堝炉を製作納入している。おそらく日本で彼以上に坩堝炉を手がけた技術者は他にいないと思う。

当時吉川君は築炉部に勤務しており、開発部門の技術者ではなかった。そのために「5時以降と土日は、この開発のため俺を手伝え！」などと、冗談とも本気ともつかない言葉をよく使ったものだ。彼とは長年一緒に仕事をしてきたので、お互い何でも言い合える仲であった。

時には激しい意見の対立もあった。私は彼のことを「吉川が歩いているのではない。ガンコに足が生えて、ガンコが歩いているようなものだ」と周囲に言いふらした。

開発技術者にとり、このガンコ（信念）は大変重要な要素だと私は思っている。それに当事者の相性も重要なことと思う。その点、ガンコ者同士ではあるが、彼とは相性がよかったと、心の中では敬意を払い、感謝もしているものの、言葉に出すには照れがある。

第一号炉テスト開始！

メルキーパーの一号炉は、試作炉として白河市のダイカストメーカーに平成10年10月10日に納入した。しかし、うまく稼働せず、急きょ短期日でテストを中止して引き揚げ、改造。翌月のパシフィコ横浜での日本ダイカスト協会の展示会に出展した。失敗した炉を改造したのであるから、データはもちろんなく、来場者に対しての説明は非常に困った。

しばらくしてから、神奈川県にある山武コントロールプロダクト株式会社の黒川課長（当時）から「おもしろい炉だと思うので使ってみたい。しかし、実績が全くないため会社としてはためらいがある」との話があった。私も黒川課長に直接お会いし、非常に前向きな方だと感じたので、ぜひここで第一号炉のテストをしてほしいと考えた。

幸い、親会社の株式会社山武（現アズビル）の佐藤良晴社長が慶應大学の同期であり、慶久会（70ページ参照）のメンバーであったため、よくゴルフをする仲間であった。そこで、後方支援をしていただいた。

現場との間では「炉は無償で貸与する。ただし、そのまま使われるようになったら代金を支払っていただきたい。安全のために、現在使用中の炉をいつでも復帰できるように用意しておく」という条件で、平成11年5月よりテストに入った。当初小さな改造はあったものの順調に稼働し、4台あった他の炉は全部メルキーパーに置き換えていただいた。

メルキーパーの新規導入に当たり、多くの方々が同社を見学に訪れ、実際に使っている人から説明を受けられた。この炉の普及のため大変お世話になり、感謝している。

その当時、納入実績18基のうち16基はダイカスト用、残り2基は金型及び砂型用に採用され稼働中である。このうち、リターン材（湯口）などの溶解に困っていた2社は、「メルキーパー」の導入によりリターン材が溜まることなく処理でき、大きな効果を挙げている。

また、インゴット30％、リターン材70％の割合の材料を溶解保持した場合、酸化物の発生状況は非常に少なく、保持部に流出する泡状のカスを除去するのみにて操業している。フラックス処理は週末に溶解部の坩堝内を清掃するときだけに使用している。

週末の土、日曜日は炉を休止し、週明けの立ち上げは問題なく操業されている。なお、保持部溶湯は、週末には70％程度の残湯にて保持するか、保持部の溶湯すべてをくみ出すかのいずれかの方法で操業されている。いずれにしても、坩堝を使用しているため保持量が少なくて済み、レンガ式溶解保持に比べて非常に省エネルギー効果がある。

当初は使用する坩堝（溶解・保持共）の寿命について懸念されていたが、実際に操業している各社共6カ月以上使用が可能であった。この期間が定期的な坩堝交換サイクルとなっている。

メルキーパーの場合、従来の反射炉と保持炉による集中溶解に比較し、コストを約半減することが可能である他、黒鉛坩堝による高品質な溶湯と高歩留、排熱抑制や騒音低下による作業環境の改善、及び低コストメンテナンスなどを目的として、本格的に導入を検討しているユーザーが増えていた。

《メルキーパーのしくみ》

炉体構造は、図1（80ページ参照）に示すように、移動タワー部、溶解部、保持部の三つに区分される。この炉本体を中心に燃焼装置、燃焼安全装置、自動温度制御装置及び材料投入装置などから構成されている。

タワー部には溶解する材料を投入し、溶解・保持バーナーの燃焼排ガスにより予熱し溶解する。このとき、タワー上部に設置された熱電対の排ガス設定温度は400℃であるが、常にタワー内に材料が満杯状態であるため、実際にはこの設定以下の温度での操業が可能である。

溶解部には黒鉛坩堝がセットされており、予熱された材料は、この坩堝内にて間接加熱で溶解され、底部の溶湯（約90キログラム）内に自然降下し、溶湯で溶かされ、出湯口より流出し湯温は低く保たれる。

この溶湯は出湯口より樋を通じ保持部の坩堝内に流れ込み、間接加熱で設定温度（鋳造温度）まで昇温される。保持坩堝内には湯の受け口に、スラグ除去のための仕切板がセットされている。この中に溶湯が流れ込み、ラドル側汲み出し口には酸化物が流れ込まないように配慮されている。また、溶解温度は合金により多少の違いはあるが、融点に近い温度で、しかも600℃と信じがたいような低い温度である。これは予熱された材料が常に溶湯の中に降下してくるので溶湯温度を下げる働きをしているためである。このため酸化物の発生も少なく、水素ガスの吸収も少ない高品質の溶湯が得られる。アルミ溶解でもっとも大切なことは、溶湯を過温にしないことである。メルキーパーでは低温溶解、適温鋳造を可能にしている。

炉体ケーシング内張りには、耐火物にセラミックファイバー系断熱材を使用しているため、炉体の軽量化により小型化を実現した。また、炉体からのトータル熱放散が少なく、省エネルギー効果もあり、休日明けの立ち上げ時間が短縮できた。そのため、間欠操業にも適しているといえる。

この型式のものは世界でも唯一のものであり、すでにアメリカでの特許を取得している。

鋳物にも適するメルキーパー

アルミの溶解炉に必要な三大要素として、①省エネ、②高歩留、③高品質と考えている。メルキーパーは、これらの要素を満足しているだけでなく、炉体が小さく、軽量であり、残湯量が少ないため間欠操業にも、また合金の変更が容易であり、異材質生産にも適する。メルキーパーの特徴を表現する時、「低温溶解・適温鋳造」と「多合金・対応型」と言っている。詩ではないが、無理に韻を踏ませたみたいな私の勝手な造語であり、自分では結構気に入って使っている。

ADC－12の場合、溶解用坩堝から出湯する時の温度は600℃位で低温。間接加熱で空気に晒される表面積が小さく、溶湯中で溶かされるので酸化ロスもガス吸収も少ない、高品質の溶湯になる。用途としては、2つの坩堝を段差をつけ並べて連続で溶解が可能であることから、ダイカストの専用炉のように思われているが、平成15年11月までの実績では35基のうち、金型鋳造用に4基、砂型鋳造用に2基。確かに鋳物用には実績としては少ないが、鋳物用としても充分に使用でき、そのメリットは大きいと確信している。

開発シナリオ説

会社の事業が存続・発展していくためには、会社の岩盤をしっかりと固めた上で、「新製品の開発」、「新市場の開拓」、「新事業の構築」を行っていくことが重要なことだと思う。

88ページの写真は、「メルキーパー（坩堝式アルミニウム連続溶解兼保持炉）」を開発した際の開発現場の写真である。

私は昔から、新しいものが生み出される開発の現場に行くことが好きであった。現場に行く日は、楽しくて仕方がないと感じていたほどである。そのため社長になってからも、製品開発の陣頭指揮はずっと自分でとってきた。

この新製品開発の一番もとになったアイデアは、私が提供したものだが、前述したように吉川君をはじめ現場の技術者に無理難題を聞いてもらいながら、時には激しい意見対立などをしながら、ようやく製品化を実現したものだ。

開発にあたって、私は吉川君に「①溶解量は100～300キログラム／時、②排熱温度は450℃以下、③エネルギー原単位は800キロカロリー／キログラム以下とする」といった条

メルキーパー開発メンバー。中央で椅子に座っているのが筆者、右から２番目が吉川氏

件を与えた。彼は「データを採ってからでないと分からない」と言ったが、「映画でも芝居でもシナリオが先にあるから役者は演技ができるのだ。したがって、俺が先にカタログを作るから、それに合った炉を作ってくれ」と無理難題を求めた。

結果的には、ほとんどこの条件を満足するものにしてくれた。今でも私は新製品開発にはこの「シナリオ説」は正しいと思っている。

『「この製品はこんな仕様で、こんなことが可能です」といったカタログを先に作り、それに合わせて開発せよ』。何と技術者泣かせなことだとは思うが、それが優れた新製品を開発する大きな決め手になると思っている。

私は「実績がないから新製品だ」と思っている。よく「俺の話はデータレスだ」と表現しているが、これもデータをとったものは過去のものだからだ。

また、新製品開発には「カン」が非常に重要だと思う。カンはその道を極めた人にのみ与えられる「勲章」だと思う。佐倉一高（当時）の２年先輩である長嶋茂雄さんは「カンピューター」と表現されていたが、氏は野球の世界で鋭いカンが働くのであって、サッカーなど別の世界ではただの人でしかないだろう。誰でもその道で長年ひとつのことに没頭し、失敗、改良、開発などを体験すると、過去のデータなどは自分の頭の中に集積され、そこからカンが働き、新たなヒラメキが生まれるのだと思う。そのためにも、新製品開発には、常に問題意識を持ち、挑戦し続け、「カン」を養うことが大切である。

文系技術者の開発魂

私は、大学は文学部、会社に入ってからもずっと営業畑であったから、高度な技術について詳しいわけではない。あるメディアは、私のことを「文科系技術者」と表現していたが、その私のどこから新製品のアイデアが出てくるのか？　新製品に対する発想は全て「こんなものがあったら便利ではないか」という、使う立場の視点がもとになっている。このような製品があったらもっと便利になるだろう、このように改善したらもっと省エネに、安全に、省スペースに、作業環境の改善になるのではないか、というように。

そして一つのアイデアが浮かんだら、頭の中で図面を想像したりしてトコトン考えるようにしている。昔から発想のしやすい場所として、鞍上、枕上、厠上といわれているが、私もまさに寝ても覚めてもの心境で考え、自分なりに納得した上で技術者や特許関係者に打ち明けるようにしている。

とくに関連特許だけは徹底的に調べるようにしてもらっている。というのは「自分が考えられるような新製品だから、世界の誰かが考え、すでに製造しているのではないかと思うからだ。また、基本的には他人の真似はしたくない、たとえ自分が気づいていなくても誰かがやっている製品のコピーはしたくない」という気持ちがあるからである。

また、私はよく人に会って、その人の話を熱心に聞く。展示会などにもよく足を運び、来場した人とのコミュニケーションをとるように心がけてきた。

展示会は、私にとり絶好の勉強の場である。メルキーパーの場合、私はアメリカでAFS、NADCAを見に行き、同じものの展示はなくホッとしたが、鋳造関係で世界最大の展示会はドイツのGIFAである。アメリカにはなくてもドイツにはあるのではないかとの不安をもちながらドイツを訪問し、長いこと誘導炉用耐火物に携わっているドイツの友人にメルキーパーの図面を見せ、坩堝を使って連続で溶解できる炉を開発したと説明したら、ドイツにも同じようなものがあると言われショックだった。後日、彼の案内でGIFA会場に見に行ったが、V字型の誘導炉だった。一方からスクラップを入れ、他方から流出させ、連続では溶解できるが、これでは温度コントロールはできない全く別の考え方の炉であることが確認でき安心した。

そうしたことで得られたヒントが、新製品のアイデアにつながる。

このように学生時代に技術の勉強をしなかった私でも、使う立場から新製品のことを考え、技術者とコンビを組み、世界に同じようなものがないかを特許関係者に調べてもらい、世界の代表的展示会で同じものがなかったことを確認できて、メルキーパーを世に出せたことを非常にうれしく思っている。自分が技術者でなくても技術開発に関係できるのだということを私の体験を通じ世間に訴えたいと思う。

お客様に役立たないものは売れない。常にお客様のニーズを勉強し、技術者であるなしに関わらず、「開発は不可能を可能にする」という精神で、今後も挑戦してもらいたいと願っている。

開発にかかわった製品たち

ここで、私が開発に係わった製品をいくつか紹介しておきたい。いずれも製品化までの道のりは厳しく苦労も多かったが、世に出した時の喜びは忘れられないものばかりである。

エレマックス（取鍋電気加熱装置）

取鍋予熱はガス、油、それに場合によっては酸素付加もあるが、大半はバーナー燃焼によるものである。私はバーナー予熱に代わって炭化ケイ素質発熱体による電気加熱で、取鍋耐火物をより高温にすることで、誘導炉など溶解炉からの受湯時と鋳物などの注湯時に溶湯の温度降下を少なくし、また取鍋耐火物の昇温効率向上で省エネ、鋳造品質の向上が図れないかと考えた。幸い中央窯業の伊藤正晴社長が自ら顧客先にてデモをしたりして開発努力されたお蔭で、大手自動車メーカーに7台納入でき、6台が鋳鉄用に、1台がアルミ用に使われている。その他に自動車部品メーカーにも採用されている。

E―JAY熱電対保護管／E―JAYラドル

自社内での技術開発はもちろんだが、国内外の優れた技術を導入し、さらに良い製品、顧客ニーズに合った製品へと応用していくこともまた、新製品開発には重要な視点であろうと思う。

私が関わった海外企業の技術導入で思い入れが深いものには、米国E―JAY社の特殊コーティング技術がある。平成15年9月、私は米インディアナポリスで開催されたNADCA（North American. Die Casting Association／北米ダイカスト協会）の展示会を、ジョージ・ハイト君と有川信治君とで見学に行った。そこでE―JAY社の製品に大変興味を持った私は、展示会で初めて会ったフランク・ハンソン社長を夕食に誘い、技術導入をして日本で製造・販売をしたいと申し出たところ、口頭にて了解してもらった。翌平成16年2月には、佐野俊昭専務が子会社の中央窯業・馬場正二社長と大田峰彦担当でE―JAY社を訪問し、技術導入の契約は正式なものとなった。

その後平成16年より、同社の技術を採用した新製品のライセンス生産を本格化させた。日本ルツボで扱っているＥ－ＪＡＹ社の製品には、熱電対保護管とラドル（容器）２種である。熱電対保護管はアルミ溶湯などに使われるもので、アルミ溶湯測温用保護管とも呼ばれる。一般にはセラミック保護管が主流だが、ハンドリングや炉のメンテナンスの際に折損してしまうといった欠点があった。

これに対し「Ｅ－ＪＡＹ保護管」は、折損を防ぐため軸に金属パイプを適用。金属パイプの表面をＥ－ＪＡＹ社から技術導入した高断熱特殊コーティング材で保護することで、アルミ溶湯の侵食を防ぎ、耐久性を向上させることが可能になった。さらに先端のセンサー接触部部分には、炭化珪素質セラミックの耐火キャップを使用。このキャップは高熱伝導かつ薄肉で、測温の感応性は抜群である。この素材は加工も容易なため、作業員が手で持って測温できるような長尺物も製作できる。使い勝手がよく、耐久性はこれまでのセラミック製保護管とほぼ同じでありながらコストは約半分という、なかなか革新的な製品だと思っている。

「Ｅ－ＪＡＹラドル」は、同じくＥ－ＪＡＹ社の高断熱特殊コーティング材で被覆した各種アルミ合金用ラドル（容器）である。

ラドルは、一般には鋳鉄製が主流だが、重くて据え付けが大変であり、そのうえ放熱しやすい。軽量なセラミッククラドルもあるが、炉などにぶつけると割れて使用ができなくなる。またセラミックファイバーラドルは磨耗に弱く、損耗により穴あきが発生する。

これらに対し「E―JAYラドル」は、エキスパンドメタルと断熱層、ハードなコーティング層から構成されており、前述のラドルの欠点をカバーしている。断熱性は鋳鉄ラドルの200倍。構造体にメタルフレームを使用しているので、耐久性にも優れている。

さらに部分補修が容易で、コーティング層を補修するだけでリユースできるため、手間とコストを大きく削減できる。リサイクルに優れ、結果としてリデュースにつながる製品となっている。特に10キログラム以上の容量には適している。

E―JAY社の高断熱特殊コーティング材技術は、熱電対保護管やラドル以外にも、ランスパイプやヒシャク等にも応用できる。また溶解炉に合わせたデザインも可能なので、今後の展開が楽しみだ。これらの製品の市場は限定的であるが、お客様への貢献度は大きいと信じているので、商売は長く続くものと思っている。

セラミックフィルター

現在西村有司営業部長の下、中国出身の朴龍雲課長と各支店で中国・聖泉より輸入して国内で販売している鋳造用セラミックフィルターがある。セラミックフィルターは新しいものではないが、日本ルツボにとっては新製品であった。これを輸入・販売することになったのは、聖泉の祝建勲副社長と私との偶然な出会いから始まったのである。

平成18年9月20日に、私は中国・鋳造学会より初めて招待され、日本鋳造工学会の一員として近畿大学の木口昭二先生と西安に行った。中国・鋳造学会の大会時に、私共両名は壇上に席をもらい紹介された折、私の名前を中国読みで「ガンテン・ミンシュン」と言われたので、私が呼ばれたことを気が付かずに座ったままいたら、隣の人が私の膝を叩き、立つようにジェスチャーで教えてくれた。そこではただ「謝々」と言って名刺交換をして別れた。壇上から降りて私は、木口先生の講演時の通訳として同行していた上記朴君と一緒に大会と併設している展示会を見に行った。押し湯スリーブやレジンなどと共にセラミックフィルターが展示されていた。朴君に「これを輸入して日本で販売しようや」と話し、朴君が担当者と名刺交換をしたのを見たら、壇上でもらった名刺のロゴ「ＳＱ」が同じものだった。私がもらった名刺を朴君が担当者に見せたら、何と営業担当の副社長であることが分かった。日本にはまだ代理店はないので担当者の段階では日本で扱っても良いとのことであった。

帰国後当時の鋳造市場営業担当の若林光洋部長に、朴君と聖泉に飛んで正式に日本での代理店になる事で交渉をするよう指示した。その後は営業担当者が入れ替わり立ち代わりして聖泉を訪問し、セラミックフィルターの勉強をした。担当者の努力と聖泉のバックアップのお陰で時間はかかったが、売り上げも年々順調に伸びており、今後も楽しみである。

炉の鉄皮表面に遮熱シート

炉は全て断熱構造を施しているものの、炉の近くに立つと熱いのが一般である。私は展示会で耐熱温度約２００℃の遮熱シートを見つけた。これを炉や取鍋に張って近くにいても熱くない作業環境の改善と省エネにならないかを考えた。築炉部長がＮＭ炉に、熊谷の所長がメルキャスト炉に使ってくれ、効果や耐久性をテストしてくれている。中間結果では良さそうなので、今後はできるだけ多くの炉に部分や全張りすることにより、作業改善や省エネになってくれたらと思っている。

メルキャスト（坩堝式溶解炉兼取鍋）

東工大で開催された日本鋳造工学会の第１５８回全国講演大会で「取鍋と鋳造品質」というテーマで発表した製品。この取鍋の構造はいたって簡単で、一般の坩堝炉に吊り金具と脱着式バーナーを取り付けただけのものである。その時の実験金属はアルミ合金であった。二次地金と押湯などのリターン材をルツボで溶解し、フラックス処理などしてからバーナーを取り外し、溶湯を移し換えすることなく溶解に使った坩堝を取鍋として使用するため、介在物の巻き込みやガス吸収も少なく高品質の鋳造品が得られる。

坩堝はセラミックで造られており溶融金属に比べ熱容量が大きく、注湯中も溶湯の温度降下が小さいので溶解温度は低くてもよい。溶解時間の短縮・生産性向上・省エネとなる。さらに、余り湯は捨てずに再溶解が可能なので歩留りも向上する。

坩堝炉で溶解（melting）し、そのまま取鍋として鋳造（casting）するので「メルキャスト」と名付けた。私は将来、メルキャストが銅合金にも使われることを願っている。

浸漬ヒーターチューブ（アルミ保持炉用）

私が日坩築炉工業に出向していた時に、東京ガスと共同開発した炉でアルキーパーという保持炉があった。この炉の構造は、アルミ溶湯の中に浸漬ヒーターチューブを入れ、チューブの中でガスを燃やすか電熱ヒーターで発熱し、溶湯を加熱・保持するものである。

当初は炭化ケイ素質のもので、単重も重くて扱いにくく価格も高い仕入れ商品だった。私は坩堝材質で開発し、何とか自家製品に置換できないかと考えた。図面を大阪工場に送り、試作品を作ってユーザーテストをした。炭化ケイ素質のものと比較しても何ら遜色がないことがわかり、全面的に自家製品に置換した。

浸漬ヒーターチューブはすでに市場には出ていたが、日本ルツボにとっては立派な新製品の開発であった。今ではアルキーパーだけではなく、一般の保持炉にも使用されている。また、韓国にも長年、継続的に輸出している。なお、日本鋳造工学会より、平成15年に豊田賞を受賞している。今ではこのチューブにも後述のゼブラックス同様に縦溝を付け、一段と効率をよくしている。

ZEBRAX（ゼブラックス：省エネ型縦溝付坩堝）

明治18年創業からの長い歴史をもつ黒鉛坩堝に、新たな変革を加えた省エネ型縦溝付坩堝。平成21年に開発した。

私は平成13年7月11、12、13日に開催された日本生産性本部の軽井沢夏季セミナーに参加した。当時の亀井正夫会長の弟が日本坩堝の技術担当の取締役であった。会場を訪れて亀井会長にご挨拶したらすぐにわかって頂け、夜の会食には隣の席に呼んで頂き嬉しかった。

この時の講師には田中康夫長野県知事、牧野昇氏、宮内義彦氏、岡田卓也氏、講談の神田松鯉氏等もいた。楽天の三木谷浩史氏はまだ若く、それほど有名ではなかったが講師の一人であった。氏は私がいた久能カントリーのメンバーであり、話しかけたら久能で77のスコアで回ったと喜んでいた。興銀時代、テニスでダブルスを組んでいて、このセミナーに参加していた梅津興三氏とともに、久能カントリーで三木谷氏とプレーしたのは今でも懐かしい思い出である。

参加者は106人で、日本ルツボのお客さんや久能カントリーのメンバーもいた。講演づけのスケジュールではあったが、13日の朝はバードウォッチングでリラックス出来た。

ここにいた時にゼブラックスのアイデアが生まれ、泊まっていたプリンスホテルの便箋に基本構想をスケッチした。これをしばらく持っていたが、その後紛失してしまい、残念に思っている。今でもその時の情景が私の脳裡に焼き付いている。

現大阪工場長の岡信幸君がまだ技術課長時代に相談をして彼に設計してもらった。当初は溝を

表面に溝を作ることで熱効率を上げ、省エネ化を実現した新型ルツボ。表面の溝を横に切るのではなく、縦溝にした点にも注目してほしい。これにより、生産時に型から外しやすく、生産効率のアップと品質の安定化につながった

付けることで割れやすくなることを心配して溝は浅かった。私も同じ心配をしたが、浅いと効果がなかろうと考え、思い切って今生産している形状にした。テストは寿命を見たりデータを取ったりで、期間は1年以上長くかかる。その間私は何度も岡君と「まだ大丈夫か」、「順調に使われています」の電話のやり取りをした記憶がある。

坩堝の表面に縦縞状のフィンをつけることにより表面積を増し、また表面に凹凸があることでビル風が起きるように火炎が乱流になり、炉内での滞留時間が長くなって熱効率が良くなる。これまでのテスト結果では、表面積が約30%増えることにより、効率は8%～11%向上し、燃費節減につながっている。当初は「溝を入れることで割れやすくなるのでは?」という心配もあったが、杞憂に終わってホッとした。

当社の坩堝は長年「フェニックス」という名称で親しまれているため、フェニックスと縞馬（ゼブラ）模様から「ゼブラックス」と命名した。このネーミングは新幹線の中で思いついた。今ではアルミ用坩堝の生産量の30%以上はゼブラックスになっており、順調に売り上げを伸ばしている。なお、日本鋳造工学会より、平成23年に豊田賞を受賞している。

ゼブラックスを平成22年11月25日より3日間、パシフィコ横浜で開催されるダイカスト展に出展するのに心配だったので、現物を見るため、平成22年8月27日に大阪工場に出張した。その日は猛暑だった。現場で話をしている時に一人が冗談で、溝を黄色く塗ったらと言った。私は、よしそうしたら目立つことだろうと思い、早速縦溝部に黄色くペンキで塗り始めたら、工場の虎キチが集まってきて喜んで塗っていた。当日、この展示品を見た巨人ファンが「なんだこれは」と言って蹴飛ばした。目立ったのは確かであった。アイデアはコロンブスの卵的ではあるが、お客様の役に立っていると思うので、これからも長く続けて使用される事と信じている。

NM炉（アルミ用連続溶解・保持炉）

この炉には私は直接タッチしなかったが、当社が独自開発した炉である。NM炉には、自社製品のARレンガや特殊キャスタブルが主に使われている。ARレンガは気孔径が非常に小さいので、アルミやスラグの浸透が少なく、オバケなども付着しにくく、仮に付着しても取りやすい。また、構造的にも天井部の着脱を容易にすることにより、作業者にとって非常に負担の大きい掃除作業を容易にした点に大きな特徴がある。コンパクト高性能バーナーの採用により、溶解時の酸化を抑制し、高歩留まり・高品質・省エネを実現した。予熱タワーには鉄リングを採用し、ダンパーの調節で排熱温度を低くすることにより、熱効率を向上した。

過去の成功体験を捨て、新たな開発に挑戦を

ここまで私が開発に関わった製品をご紹介させていただいた。これら製品の多くは、おかげさまで今現在も売り上げに貢献できているようである。しかし、当然ながら、全ての開発に成功したわけではない。技術面はクリアできても、生産性が低くコストに合わない、排出ガスの等の環境問題や熱による作業環境面の問題などで、製品化できなかったものもいくつもある。

また、技術は必ず進歩する。その時は画期的な新製品、新技術であっても、時が過ぎれば陳腐化することもある。「この製品はこれでうまくいっているのだから」と、過去の成功体験にこだわりすぎると、いつの間にか時代遅れになっている恐れがある。

開発とは、常に現在進行形なのだ。たとえ今が順調であっても、時には過去の成功体験を捨て、新たな開発に挑戦する必要がある。過去にこだわれば、進歩が止まってしまうのだ。

私も社長時代、会長時代に大いに悩んだ。私が過去に開発した製品に対抗するような新製品を、若い技術者から提案されたのである。正直、私自身も過去の成功体験は捨てがたかった。しかし、もし、そこで若い技術者の挑戦をやめさせていたら、新たな開発は実現しなかっただろうし、企業としての成長も止まっていたかもしれない。小さな体験ではあるが、過去の成功体験を捨てなければ前に進めないことを、身をもって知った。

ただし、開発には大きなリスクがあることも忘れてはならない。身の丈にあった開発を、慎重

に見極めることが重要である。私は、会社経営についても同じことが言えると思っている。過去の成功に胡坐をかいていたり、逆に身の丈に合わない大きな事業にむやみに手を出して失敗したケースは少なくないであろう。

「成功」の反意語は「失敗」か？

ビジネスコンサルタント・細谷功氏著『やわらかい頭の作り方』に、「成功の反意語は失敗か？」という記述がある。それに対して氏は、「成功の反意語は失敗――これは小学生にも分かるような『常識』にみえます。しかし、本当にそうでしょうか？」と投げかけている。著書では図を使って細かく説明されているが、要は「何かをやれば、その結果がうまくいけば『成功』となり、そうでなければ『失敗』となります。しかし、例えそれが失敗でも、やった結果やそこからの教訓は残るし、やる前とは状況は確実に違ってくるはずです。ところが何もしなければ『成功でも失敗でもない』状況がずっと続くことになります。そう考えると、『成功でも失敗でもない』という状況を一番作り出すのは『何もしない』という状態であることに気づきます」と書かれ、細谷氏は「成功」と「失敗」は実は、紙一重の「同意語」で、それらの反意語は「何もしないこと」いうことになるのですと言っている。私は面白い表現だと気に入っており、新製品開発に、また経営に、人生に役立つものと思っている。

定形耐火物への回帰

私は、サラリーマン人生の大半を耐火物業に関係してきたことになる。これまでの経験から、過去をふり返りつつ、耐火物の将来の一端について感じるままに述べたいと思う。

耐火物は大別して定形耐火物と不定形耐火物に分類されている。不定形耐火物は戦後、米国からのキャスタブルやパッチング材によって我が国に本格的に導入されたものである。その後熱的、化学的、物理的な研鑽が積まれてめざましく進歩発展し、ついに平成5年には耐火物に対する不定形耐火物の割合であるいわゆる数量的な不定形化率は50％超となった。したがって、不定形耐火物は定形耐火物の歴史にくらべて極めて短期間で成長した分野であり、戦後我が国の経済発展とともに発展してきたもののひとつということができる。

不定形耐火物は、レンガ積み構造の弱点となる目地がないことが大きな特徴であり、大型複雑形状の目地なし一体構造物が、耐火レンガのごとき高温焼成することなく短時間で得ることができること、部分的・局部的補修ができること、吹き付け等熱間補修ができること等の利点があり、熟練工をはじめとする人手の不足に対して省力、省エネ、耐火物原単位の低減等の時代の要請に応えて発展してきた。

なかでも耐火物の大きな需要先である鉄鋼の高炉樋、転炉の吹き付け補修や取鍋ライニングに対して、低セメントの流し込み用不定形材の急速な普及が中心的な役割を果たし、この構成比率の変化に大きく寄与しているものといわれている。定形耐火物に比較して不定形耐火物はそのほとんどが多量の水を使うため、多孔性であり、強度脆弱であり、したがって耐食性に劣る、というそれまでの不定形耐火物への評価を、この低セメント流し込み用不定形耐火材の出現で一変させたものである。

これらの時代の要請は今後も変わるものではなく、今後も不定形化への移行が漸次続くものと思われるが、一方では、この不定形化現象と逆に、不定形を使用していた部位に不定形材を定形化させた、いわゆるプレハブブロック化現象が、全体からみればまだ一部であるが、みられるようになった。例えば、樋の裏張りのブロック、取鍋の湯当部、鋳物用取鍋、アルミニウム溶湯保持炉の一体成形型容器及び溶解炉受湯口等である。

このブロック化現象の要因として、レンガのみならず不定形耐火物によっても施工が極めて困難な場所においてブロックが適すること、不定形耐火物は使用にあたり使用可能状態になるまでに施工場所で成形枠を組み立て、加水混合流し込み施工の後養生を行って脱枠し、さらに加熱乾燥等の作業を行うのであるが、これは一部のユーザーにとっては現在大きな負担となっていることが挙げられる。さらに、メーカーが管理された工場で専門的にブロック化しユーザーに提供した方が、ユーザーも安定した施工ができ安心感がもてるようになってきたこと、過去人手不足対策というニーズが不定形化を加速したが、経験者の人手不足がさらに深刻化し、後継者等の要員不足をきたしたこと、並びに築炉工期短縮面での優位性もあって、逆に定形化が要請されてきたこと等が考えられる。

このことは、不定形耐火物も主力製品のひとつである日本ルツボにとっても、長年黒鉛坩堝をはじめ種々の定形耐火物の製造に携わってきた経験から、造形の喜びが得られる製品がひとつ増えたものであり、歓迎すべき現象と受け止めている。ユーザーと我々メーカーとの試行錯誤の期間がまだまだ続くことは避けることができない。関係者には、使用条件に適する材質の開発、成形方法、製造期間の短縮化、梱包の工夫、運搬の合理化等、周辺技術の整備等を乗り越えて、限定された部分にとどまるとは思うが、ユーザーの期待に沿うべく努力していきたいと思う。

第5章　絆

～「おかげさま」の言葉とともに～

絆という言葉を大切にしている。

社員の結婚披露宴の祝辞でも、贈った言葉は「絆」であった。夫婦の絆、家族の絆、同僚との絆、いずれも大切である。新カップルにはまず夫婦の強い絆で幸せな家庭を築いて欲しいと願っている。

経営理念としても重要視している。日本ルッツボの理念は、創造性豊かな活力に満ちた役職員により、伝統を守りつつ、いかなる時代、いかなる環境にも適合する会社を目指すことである。不況下においては、「どんなに厳しい状況が続いても全社一丸となり、強い絆で結ばれ、このピンチを脱しようではないか」と訴えてきた。

ここでは、人と人、人と企業、地域と企業など、私が大切にしてきた多くの絆とそれにまつわる話を記しておきたい。

企業に携わる者は評論家であってはならない

リーマンショック後の長く続いた不況の中、私は「このまま行ったら日本はダメになる」という言葉を多く耳にした。政治、経済、外交、防衛、教育、年金、介護、医療など、多くの人が心配していた。それぞれが難しいことばかりで私には十分理解できないが、やはり日本の将来はどうなるのだろうと不安ではある。

長年会社経営に携わってきたため、経済のことが特に気になった。円高、空洞化、雇用不安、税収不足、福祉の財源不足、円高還元セール、デフレ、国内弱小企業の圧迫等々を思うと、市民の暮らしはどうなっていくのだろうか？

自動車・家電などの輸出産業により日本経済を支えてきたが、急激な円高は輸出企業にとってショックは大きい。大手企業や海外進出力のある中小企業の多くは、生産拠点を海外にシフトし、国内は空洞化となり雇用不安になる。税収不足となり福祉に回す財源もなくなってしまう。スーパーなどで円高還元と称し、衣料品や食料品などが安く売られ国内競合会社は苦戦を強いられる。海外にも出られずリストラなどで血の滲む思いでコストダウンをしている下請け企業などは、価格は中国並み、品質は日本基準を要求され、大きな打撃を受ける。一方、一般市民は輸入品を安く買うことはできるが、一体その収入はどこから得るのかを考えると大きな矛盾を感じる。

評論家の先生方は、中国で真似のできないような優れた新製品を開発すべきだと言っておられたが、現実に多くの企業は、社員や経費を削減しているので大変難しい状況にある。ＩＴや流通産業は比較的新しい企業であるが、製造業の大半は古い企業であろう。従って、成熟製品が多く、常に厳しい価格競争に晒されている。

現在の日本の状況を前述のように見ている人は多いことと思う。私も客観的にはそう思う。しかし、企業に携わっている者は評論家であってはならない。いかなる言い訳も許されない。創意工夫をして会社を存続させることが最大の責務である。現に長い不況下にあっても、史上空前の利益を出している会社、多くの社員を新たに雇用している会社もたくさんある。

私は、会社を存続成長させるためには、新製品の開発、新市場の開拓、新事業の構築が必要だと思っている。幸いなことに（おかげさまで）日本ルツボでは、今は比較的景気が良いこともあり、長年開発を続けてきた新製品をいくつか市場に出すことができた。しかし、どのような不況・不安な時代にあっても、社員と共に元気・ヤル気・本気を合言葉に、支えて下さる多くの皆様に「おかげさまで」と言えるよう努力しなければならない。

先人の思いを未来につなげる

日本ルツボは明治18年創業の大変古い会社である。創業時はベンチャー的存在で、その年にロンドンでの国際博覧会に出展した記録として、メダルが残っている。他に明治・大正・昭和初期に発明・表彰等で取得したメダルが15個、本社応接室に展示してある。

当社の戦前のカタログを見るとＰＬ式黒鉛坩堝という項目がある。それによるとＰＬとはPARALLEL LAYER GRAPHITE CRUCIBLE の略だとある。

クレーボンド坩堝の鱗状黒鉛を水平方向に並べることにより、次のような三大特徴が得られた。

① 溶解時間の早いこと（53分が35分に）

② 燃料が経済的になること（2・5ガロンが1・6ガロンに）

③　耐久性に富むこと。

更に、今の私共には考えられない説明がされている。

「可鍛鋳鉄及び特殊合金等の如く特に高温度にて比較的短時間に溶解すべきものには本製品の賞揚せられる所似であります」と。

創業当時の「金銭出納帳」。諸先輩の苦労が偲ばれる。同時に「多くの先輩方が守ってきたこの会社をなんとしても守り抜き、未来につなげなければ」と、在職当時は決意を新たにしたものだ

このPL式黒鉛坩堝の開発は鋳造業界に大きな貢献をし、日本ルツボの業績に大きく寄与したと、昔を知る先輩から聞かされていた。さらに私が入社した1960年頃より、製鉄会社向け黒鉛定盤、耐熱性コーチング材「デラール」、高炉用炉底煉瓦や樋材など次々に新製品を開発することになる。

また、当社は、都心に本社を構えているが、関東大震災、第二次大戦でも奇跡的に社屋の焼失を免れた。「火伏の神である秋葉神社が守ってくれたのだ」と先輩から聞かされた。社屋建設の折に、創業当時の古い金銭出納帳が倉庫の奥から出てきたこともあった。

これは先人の苦労を振り返る機会になった。同

時に、事業の積み重ねは社史だけでは網羅できないことがわかった。このため現在は各事業セクションごとに毎年の「十大ニュース」を作成してもらっている。これは遠い将来、後輩たちに必ず役に立つと考えている。

我が社の旧満州工場を探し求めて

私の手もとに、康徳拾壹年（昭和19）年10月末付の興亜坩堝㈱という会社の決算報告書が残っている。半世紀以上のときを経てセピア色になった和紙の報告書には、生産・販売の業績値と共に満鐵、満州三菱、満州住金他の錚々たる客先の名前も記されている。この会社こそ、我が社の先輩達が当時の五族共和の理想に共鳴して、昭和14年2月に資本金二百万円で旧奉天（現沈陽）に設立した会社である。

私が入社した頃より、興亜坩堝㈱のことは、先輩達から聞くのみで、それほど強い印象はなく、ただ記憶に残るくらいのものであった。しかし社長就任以来、無性に過去のことが知りたくなり、戦前の記録類を集めた。また、軍需工場であったため集中爆撃を受け焼失した大阪工場の終戦前のレイアウトの再現や、工場の主役職者の名簿作成を、先輩達にお願いしたりしていた。

在任中も中国出張のたびに、何とか興亜坩堝㈱の跡を尋ねることができないかと思っていたが、当社に残る記録には、「……奉天市に設立」とあるだけでその住所が見つからなかった。ところがある時の中国出張の際、同行することになっていた唐克威君が、都立図書館で「旧満州國進出企業」という資料からその住所を「奉天市鐵西區景星街」と探し出してきたのである。唐君は四川省出身で、私がいつの日か中国と関係を持ちたいと願い採用し、当社貿易部で勤務していた若い社員であった。

大連で客先を訪ねたあと、特急列車で大連から４時間かけて沈陽に入った。沈陽で仕事であった沈陽鋳造研究所を訪ねた。中国でもアルミ・マグネの研究が盛んになっていた。訪問を終えてタクシーで、「奉天市鐵西區景星街」を訪ねてみたが、それらしきものは全く見あたらなかった。日も暮れてきたので「明日もう一度ここの図書館で調べ直してみよう」と決め、ホテルに帰った。

翌日は土曜日で仕事のアポもなく、昨日と同じ運転手（楊さん）のタクシーで遼寧省立沈陽図書館に行き、旧満州國関連資料室に入った。そこには、ホコリにまみれた関連資料が非常に豊富に蒐集してあった。私たち二人は手分けして、それら資料を目を皿のようにして漁ったが、なかなか欲しい情報が見つからず、１時間、２時間と経っていった。

３時間ほど経った頃だろうか。「満州國建國10周年經濟年鑑」という資料の中に、企業一覧の項目があり、そこの奉天の部に遂に興亞坩堝㈱が見つかった。住所、電話番号、資本金、そして今は亡き我々の先輩である茂木順三郎、中野栄三郎などの名前が列記してあった。住所は「奉天市鐵西區獎工街１段３１０號」。何故か東京で調べた「景星街」ではなかった。飛び上がる思いでコピーをとり、図書館を出た。

はやる気持ちで、車を鐵西區に向けた。楊さんが「ここに間違いない」と車を止めた所を起点として、唐君と楊さんが道行くお年寄り達に尋ね回り、とうとう「自分は戦前三菱で働いていた」という古老に巡り逢うことができたのである。「奨工街は、今は興工街だよ、1段だから、その一番先だよ」と教えてくれた。走っていくと、そこには、「沈阳锅炉总厂」（沈陽鍋炉総工場）の看板が掛かった建物があり、その正門と事務所は、私の入社当時の本社の造りにそっくりであった。休日であったため、その会社のだれにも会えなかったが、門衛は、「正門と事務所は日本人が建てたと聞いている」と言った。

私はその前で、何とも言えない大きな感激にひたった。経営の根本理念を「会社の存続」と考えている私にとっては、大変なインパクトであった。しばらく離れがたい気持ちで、先輩方の思いをつなぐためにも、会社はどうしても存続させねばならないと心の中で誓ったものだ。

本社ビル建て替えと護り神

日本ルツボ本社ビルは、ＪＲ恵比寿駅より徒歩５分程の山手線の内側にある。大正風の趣のあった建物を、昭和44年に建て替えた。三階建てのビルではあったが、当時この地域では一番大きなものであり、恵比寿駅から見ることができた。

「こんな便利な所に自社のみで使っているのはもったいない。もっと大きなビルを建てて一部を自社が使い、他を貸しビルにしては」とのアドバイスを多くの人からもらっていた。実際、その案は過去何度も計画したが、建設費が高い、金利が高いなどの理由で先送りにしてきた。そのビルはそれほど老朽化していなかったが、主力銀行と大株主のご理解、ご支援を得て、８階建てのビルに思い切って立て替えることを決断し、２００２年12月4日に竣工した。

さまざまな経緯を経て、安田信託銀行に土地を信託、東急設計コンサルタントに設計、東鉄工業に施工をそれぞれお願いすることにした。おかげさまで、２００３年11月12日に地鎮祭を挙行することができた。直会の席で、私は次のような趣旨で挨拶をした。まず金融機関、大株主には、本日を迎えられたことのお礼と感謝を述べ、工事関係者には、月並みではあるが工事の無事、怪我や事故の無いよう安全に十分に注意をしていただきたいこと、また、近隣や通行中の人からのクレーム、苦情等が極力少なくなるようお願いした。工期については、特に東鉄工業がＪＲと非常に関係の深い会社ということで、「新幹線で博多に行くのに途中の名古屋、大阪を遅れて出発しながら、博多に定刻に着かせるという訳にはいかないでしょうから、私は安心してお任せできる」と申し上げた。

一般に「本社ビルを建てるとその時点から衰退が始まる」と言われているそうだが、それは心のどこかに緩みが生じるからだろうと思う。我々の場合は全く違う。有り難いことに、先輩達がこの場所に土地を残してくれた。そして時代が変わった。我々は、その土地を利用して営業収益を得るために建てるのであって、決して自分たちが贅沢するためのものではない。従って、このビルは営業のための商品である。商品であれば、テナントという顧客に品質、価格、サービスで満足していただけなければならない。

次に、本社の一角にあった私どもの護り神である秋葉神社であるが、私は一生懸命お護りすれば、秋葉神社が当社ならびに社員を護って下さるものと信じている。関東大震災、大戦時にも火災から護って下さった有り難い護り神だと思っている。ビルが完成するまで、御神体は氷川神社にお遷しして、お社《やしろ》は当社の東京工場に保管した。なにぶん270年も昔の古いものであり、傷みもひどい。多少の修復は考えているものの、八階建てのビルの屋上まで持ち上げることは、大変な作業であった。また屋上に木造物を設置するには、法規制もある。しかし私は、「革新すべきものは積極的に革新し、守るべきものは勇気を持って守る」という精神でこの秋葉神社を関係者の協力を得て、新本社ビルの屋上にお遷ししたいと願望している。

恵比寿NRビル竣工式挨拶（平成14年12月4日）

本日は恵比寿NRビルの竣工式にお足元の悪い中お越しいただきまし

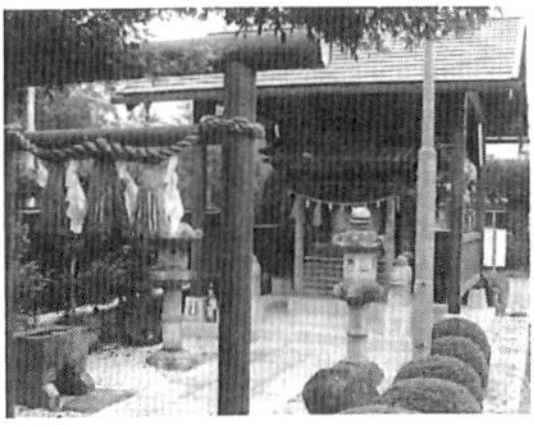
旧社殿は豊田工場へ遷座

秋葉祠は新本社の屋上へ移転

灯籠のレプリカはプラスチック製
右奥の碑は実物

て誠にありがとうございました。

私共の会社の経営環境、それに世間一般の状況からホテルを借りて多くの人にお集まり頂き、派手に竣工披露パーティーをすることは慎むべきだろうと考えました。本日はこのビル建設に直接お世話になった方々のみにお越しいただいております。したがいまして私は可能な限り一社、一社またお一人、お一人に、お礼と感謝を申し上げたいと思います。

まず初めに大和生命さんにお礼を申し上げたいと思います。大和生命さんは長年にわたり当社の筆頭株主であります。その野々宮社長がご理解、ご支援いただいたことに本当に有り難く思っています。ありがとうございました。

また本日は健康を害されてここには出席はされておりませんが、個人の筆頭株主であり、当社の会長である茂木克己に相談、報告に行きました。「それは良いことだ。あのままにしておくのはもったいないからな!」と大変喜んでもらいました。私は近々今日のことを報告しに行きたいと思っております。

新本社ビル外観

みずほ銀行小舟町支店さん、三井住友銀行さん、伊予銀行さん、このような状況にもかかわらずご支援いただけたことに本当に有り難く感謝申し上げます。

設計に関しましては東急設計コンサルタントさんにお願い致しました。松本社長さん、本日ここにご出席頂いておりますが、先日竹島専務さんがお越しいただきまして「設計した自分が言うのはおかしいですが伝統のある日本ルツボさんに大変ふさわしい設計ができました。外から見るととても地味にシックに見えます。エントランスを入るとパッと明るくて広くとても良かったと思います」と大変気に入って頂けました。実務的には伊庭さん、栄谷さんが、しょっちゅう見えられ、途中の設計変更などにもご協力をいただき大変良くしていただきました。松本社長さん、ありがとうございました。

実際の建設につきましては、当時の安田信託さんと相談いたしまして、東鉄工業さんにお願いすることに致しました。先日、酒井所長にお会いしました。無事故、無災害とのことでした。また地鎮祭の時にもJRに関係の深い東鉄さんだから新幹線で博多に行くのに名古屋、大阪を遅れて出発して予定通りに博多に着くことはないだろうと申し上げましたが、途中台風があって水が出たりして少し工期が遅れる事もありましたが、当初のダイヤ通りきちんと11月25日に引き渡していただきました。

この東鉄工業さんに対して、私は3つのエピソードでお礼を申し上げたいと思います。1番目は資材の納入業者が私の所にきまして「一般には価格のことだけを言われるのですが、東鉄工業さんはグレードのことを気にしておられます。素晴らしい工事会社だと思います」と言われました。そこで浦田さんを通じ、当時の高原会長をお邪魔して「有り難く思っています」とお礼申し上げましたら、「それは私共の会社方針です。施主さんに少しでも満足頂けるものを提供することが私共の仕事です」と言っていただけた時に、私は東鉄工業さんにお願いして良かったなぁと思いました。

2番目は私の小学校、中学の同級生で防水工事をやっているのがいました。私の所に来て工事をやらせてもらいたいと言って来ました。私は「俺との関係は絶対に言わないで行ってみろ」と言いました。その後「酒井所長からご注文を頂いた」と連絡がありましたので、それなら関係を話しても良いよと言っておきました。彼は暑い中、工事をやりました。私のところに言ってきたのはあえて名前を申し上げちゃいましょう、柏木さんのことなんです。「主任は良くやっているよ、俺も長いこと工事をやってきたけど、あんなに熱心な人は珍しいよ」と私に言ってきました。

3番目のエピソードとしては、たまたま私は電話工事の人と話をしました。床を上げて配線工事をする。恐らく多くのビルを工事をして見てきている人だと思います。一般には見えない所の工事をしている彼が「非常に丁寧に工事されていますね」と私に言ってくれました。そのようなことで高原会長、本当にありがとうございました。

また、今はみずほアセット信託銀行さんになっておりますが、当時の安田信託銀行さんには当初の計画の段階から大変お世話になりました。総合的な企画をして頂き、このビルをテナントビルとして建てる事を決断するに当たり、後押しをして頂きました。そして最後の最後にこのような景気になってしまって、私が一番心配していたのはテナント募集の事であります。見て頂いてお分かりのように1階、2階は既に入っております。3階、7階、は決まりました。5階、6階は申し込み書はいただいていると言うことで、４階のワンフロアーだけが空いている状態まで漕ぎ着けていいただけたことを、私は本当に有り難く思っております。藤森部長さんはじめ、ビラ撒きまでしてテナントを集めて頂いたこのご努力に、感謝申し上げます。大塚さん、田原さんが、真剣になり私共の大久保部長の所にしょっちゅうメールでご連絡を頂いて、また大久保から私も報告を受けています。本当に有り難いことだと思っております。

実は今日、ガードマンの方にもお越しいただきました。私などがいつ来てもキチンと整理してくれていました。無事故だったこと、クレームがなかったことに大きな役割を果たしてくれたと思っています。

私共のOBの藤井先輩、志村先輩にもお越しいただいております。後程私がこの正月に書いた随筆を皆さんにお渡ししますので読んで頂きたいと思っておりますが、それにも書いておきましたが、先輩達がこの土地を残してくれたためにこのようなビルを建てることができたのだなぁと言う思いをしております。関係の方々にお願いし今日お越しいただきました。

本日はこのビルにそれぞれ関係のあった方々だけにお集まりいただき、竣工を祝っていただけたこと本当に有り難く思っています。

立派なハードができました。平成ビルディングさんと共にしっかりしたソフトを作り、入っていただくテナントさんにも満足をしていただけるよう努力をして行きたいと思っております。どうぞ引き続きご支援をいただきたくお願い申し上げます。

工事関係者、このビルに関わっていただいた方々とは今日で形の上で、お別れと言うことにはなりますが、是非引き続きご交誼、お付き合いの程をお願い申し上げまして竣工の挨拶とさせていただきます。本日は誠にありがとうございました。

ダブル偶然

本社ビルを建て替えた時、使用する鋼材は仕事でお世話になっている新日鐵のものをゼネコンに推薦しておいた。そのことを知った新日鐵の人から「お礼に日本ルツボさんに伺いたい」と、私にお電話があった。「とんでもない。私の方から伺いますよ」と、数日後の平成13年8月3日に新日鐵を訪ね、その人にお会いした。いただいた名刺には「鴇田圭史」とあった。

「トキタさんはご出身は千葉ではありませんか?」と聞いてみると、ごく自然に、「そうです」と言われた。私は続けて「元IBMの役員で、現在はいくつかの大学の先生をされている方に先日お会いしたのですが」というと、急に驚かれて「私の父です!」とのこと。私もその偶然にビックリした。

そして後日の11月28日に大学のサークルのOB会があり、その席でサークル仲間だった千葉大学の学長夫人に会った。そこで「先日こんな偶然があったのですよ」と夫人に話したら、なんとこれまた不思議!「私たちは、その鴇田さんのご両親と大変親しくしている」と聞かされた。偶然がダブった出来事に、私自身も大変驚いた。

企業は人なり　～教育・人づくりで社会に貢献する～

人間は一般に、歳を取るとどうしても過去に生きる傾向があるという。サミュエル・ウルマンの詩「青春」の訳者である故岡田義夫氏は私の住む蕨市の出身ということもあって、特にこの詩に親しみを感じている。「青春とは人生の或る期間を言うのではなく、心の様相を青春と言うのだ。優れた想像力、逞しき意思、炎ゆる情熱（中略）こういう様相を青春と言うのだ」。私は、いつもこの詩の一字一句を噛みしめながらそれを理解しようとし、詩が言う「心の様相」を持とうと努めている。それには、これまでに体験していないことに挑戦してみるのも一つの方法だと思った。どうせ挑戦するのならば、少しでも社会に役立つ活動がしたい。そんな思いから始まったのが、学生などを対象としたゲストティーチャーや講演などの活動である。

ゲストティーチャーに初挑戦

初めてゲストティーチャーとして赴いたのは、足立区の中学校である。会員になっている経済同友会の企画でゲストティーチャーを募集しており、応募してみたところさっそく足立区立千寿青葉中学校から声がかかった。

「どのような内容でも良いので、生徒たちに夢を与えてほしい」と花岡校長から言われ、さて応募はしたものの、いざ声がかかると何をしたら良いのかと、当初は非常に迷った。しかし、これも新しい事への挑戦だと前向きに考え、学校側とも相談しながら、次のようなレジメを作った。

①丈夫な体を作ろう　（早寝早起き）
（好き嫌いをなくそう）
（体を動かそう）

②勉強（文章に親しもう）
（やらされていると思うな）
（話せる英語を）

③夢（将来何をやりたいか）
（そのためにどんな準備が必要か）
（日記を書こう）

実は、今どきの中学生は真面目に勉強しないのではないか、私語も多くて先生の話も聞かないのではないかと、マイナスの先入観を持って授業に赴いた。ところが、実際に私が話し始めると、大半の生徒は熱心に聞いてくれた。一人だけ机に両手を乗せて顔をうつ伏せにしている生徒がいた。私は「顔を上げろ」などと怒ったりしたら、こちらが負けだと思ったので、一生懸命に語り続けた。すると、本人もやがて顔を上げて、私を見て話を聞くようになった。これは実に嬉しかった。

その後、授業を聞いてくれた生徒たち34人全員が、私に感想文を書き送ってくれた。各自の文を読んでみて、改めてゲストティーチャーに挑戦して良かったと思った。

いくら歳を取っても、生まれて初めてのことを体験出来るうちは、人生はまだ上昇気流に乗っているのだなと感じた。

千葉黎明高校

千寿青葉台中学校を皮切りに、その後もゲストティーチャーとしていくつかの中学校・小学校を訪問した。高校では、千葉黎明高校で授業させていただいた。こちらも経済同友会を通じて申し込んだところ、すぐに当時の安川周作校長が会社に来られていろいろ打ち合わせをし、日程は平成17年6月8日に決まった。

このときゲストティーチャーとして訪れたのが縁で、私は現在もこの高校の理事をしている。また、理事長の西村清氏は縁戚にあたり、父上も存じあげている。さらに創立者である理事長の祖父は、私の父の親友でもあった。学生時代、私はこの二人を車に乗せたこともあった。時を超えた不思議な縁だ。

母校の後輩987人に伝えたかったこと

経済同友会経由ではないが、母校・千葉県立佐倉高校での講演も忘れがたい。佐倉高校のOB会はどのような謂れかは分からないが、「鹿山会」と言われている。私が東京鹿山会に出席した折、当時の田辺新一校長から「後輩のために何か話してもらえないか」と話された。後日思い切って手紙で「やってみたい」と申し込んだ。すぐに田辺校長自ら会社に来られ具体的な話が進んだ。

佐倉高は前期、後期の2期制なので、講演は前期の最終日である平成23年9月30日の金曜日と決まった。当日は、全校生徒987人が出席してくれた。私がこれまでに行った講演の中でも、過去最高の人数だった。

タイトルは「佐倉高生に期待すること～国際舞台での活躍を」とした。

まず英語や中国語などの語学をマスターしよう。ただし語学は自分の意思を相手に伝える手段である。道具である。何を伝えたかが最も大切である。そのためにも今の勉強をしっかりしてほしい。私は同年9月25日にアメリカ出張より帰国した直後だったので、特に英語の重要性を強調した。

2番目には、社会に出たら人間関係が非常に大切であること。私は人間関係が悪くて、体力も知力も有りながら社会で活躍できなかった人を多く見ている。とても残念なことだと思う。私は人間関係を一つの学問にしても良いと思うと語りかけ、人間関係のバイブル的なデールカーネギーの著書『人を動かす』の「人に好かれる六原則」を強調して話した。

最後は日記を付けようだった。続けるために一日一行でもよい、一週間に一度でもよいからとにかく続けてほしい。今日有ったことだけを書くのではなく、これからしたい事、また将来の夢を書いて頂きたい。ここが非常に大切であると語った。

9時45分から約80分話し、最後の10分間は質問を受けたのだが、いきなり「年収はいくらですか?」。これには驚いた。しかし、知らないとは言えないので正直に答えた。その他には、悩みや友情についてなど、さまざまな質問があった。

後日、918人分の感想文が届いた。参加してくれた学生のほとんどが感想文を送ってきてくれたのである。私は感想文をくれた学生全員に、赤ペンで名前と1行コメントを書いて送り返した。帰宅後と土・日を利用しての作業であった。さすがに900人以上にコメントを書くのは、結構ハードなものだった。3年生はセンター試験のため1月中旬以降は登校しないと聞いたので、まずは3年生分を年内に送った。他の学年の学生には、翌年の5月の連休前までに送り返すことができた。

これは特に約束したことでもなく、自分で考えた事であったが、自己満足で安堵した。コピーを2部取り、1部を自分の手元に、1部を校長先生に持参した。大変驚かれ喜んでいただけた。今でも田辺校長先生の笑顔が私の瞼に焼き付いている。

岩手大学

岩手大学理工学部の平塚貞人教授の学生に講演したのは平成26年6月25日。私の77歳の喜寿の日である。その夜に堀江浩・岩手大学特任教授、平塚貞人教授、一緒に講演をした根岸工業所の佐藤庄一会長、鷹取製作所の藤山幸二郎社長、日本ルッツボの当時東京支店長だった西村有司君、朴龍雲君、平拓朗君とで祝っていただいたので大変に印象深い。

印象深い山梨大学での講演

山梨大学工学部機械工学科の野田善之准教授の学生に講演したのは平成27年7月16日午後3時であった。タイトルはこの本と同じ「開発は不可能を可能にする」だったが、「約束を守る」というサブテーマも含めてあった。

予定では、お昼ごろに新宿から特急で向かえば、講演をして悠々と日帰りできると思っていた。ところが当日、台風11号が襲来。朝には、中央線が不通になっているとの情報を得た。同行する朴龍雲君と携帯で連絡を取り合い、「電車で行けるところまで行き、後はタクシーで行こう」ということになった。新宿で待ち合わせ、電車に乗ったらノロノロ運転。それでも何とか高尾まで辿り着いた。

そこからが大変だった。

駅前にはタクシーはいないかもしれないと不安ではあったが、幸いすぐに乗れた。「甲府まで行きたい」と告げたところ、運転手（小俣さんという方だった）は「え！甲府！」と一瞬驚いた様子だったが車を走らせてくれた。高尾をスタートした時、風雨は強かったものの順調に走れた。最初のうちは「高速を使えば1時間半もあれば行けるのではないか？」と高を括っていた。ところが、高速道路の入り口まで行くと通行止めと分かった。

そこから小俣運転手さんは慌てだした。一般道を走らざるをえなかった。雨はますますひどくなり、車の屋根を叩く音で車内の我々3人の会話は聞き取れない程であった。あちこちで崖崩れがあって通行出来ず、引き返しては別の道を走った。

この様な環境で我々3人には不思議な一体感が生まれた。幸いなことに小俣運転手は大月の出身で地元の土地勘もあった。決してグチを言わず、ひたすら甲府を目指してくれた。

有難い事に大月からは高速道路を使えた。それでも道路一面に水が溜まり、減速運転をせざるを得なかった。

やっとの思いで山梨大学に着いたのは2時半頃だった。高尾から約3時間半位かかったと思う。ちなみに代金は3万6140円。タクシーにこんなに長い時間乗ったこと、またこんなに高額な代金を払ったことは初めてのことだった。

校内のコンビニでヨーグルトとパンをかじって3時から講演に入った。60分話し、10分間質問を受けた。終了後、何人かの学生から「こんな天気の中来てくれ有難う」と言われ、嬉しかった。

機械力学特別講義レポート

[redacted]

日本ルツボ株式会社;岡田氏による特別講義「開発は不可能を可能にする」を聴き、それについて記述する。

第1に、経営に対する考え方を述べて頂いた。企業が第一に考えることで、企業を長く永遠に続けていきたいというのは、やはり重要な心がけであると共に自然に思ってしまうことである。しかし、会社において、社員が安心して働ける会社にしたかったり、利益が出る会社にしたかったりと基本理念の理想がある。岡田氏が仰っていたが、企業を存続させようとすると、どうしても逃げ腰になってしまうため、それをこなしながら利益を出し環境の良い会社とするのは中々難しいことについて、深く関心を抱くことができた。つまり、必ずしも大企業の大手が永久的に経営し続けられるかは分からないということである。私を含める、将来エンジニアのような働き手になる人が多い工学部の学生において、「大手だから良いとは言えない」というのは、将来の進路を考える上で大きなヒントになったと考えている。それでも大手は一般にすばらしいと思う

第2に、人間関係が何よりも大切であると強調して伝えて頂いた。経営理念「創造性豊かな、活力に満ちた役職員により、伝統を守りつつ、いかなる時代、いかなる環境にも適合する会社を目指す」と社是「人に笑顔　仕事に挑戦　社員に安心　社会に貢献　顧客に満足　会社に利益」と列挙されていたが、これらを貫くために「あいさつをする」「人に好かれるようになる」「約束を守り、信頼と信用を得る」というのは理に適っており、当たり前のことで日常生活でも重要なことが企業でさえも大切であることを改めて学ぶことができた。また、企業が日本だけでなく海外まで進出する時代において、やはり会話・情報伝達のツールとして英語(語学)が多少なりとも達者でなければならない点については、企業で働く身として必須条件であり、海外にも人脈が広がると聴くと、現在の英語力に痛感した。

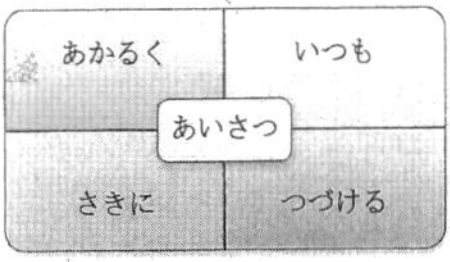

第3に、今回の特別講義テーマでもあった「開発が不可能を可能にする」について述べて頂いた。成功の反意語は本来であれば"失敗"であるが、成功は失敗から生まれているという言葉に非常に惹きつけられた。成功の反意語は「何もやらないこと」で仕事に挑戦することの重要性に考えさせられた。また、開発の「たちつてと」はこれから技術者となった場合に指標となる言葉だと思う。

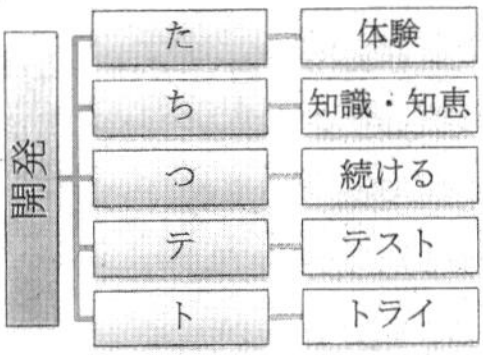

今回はあまり機会がない貴重な企業の方の話が聴け、役に立った。

大高君の文章・表は完璧で「恐れ入りました」岡田。
すばらしい！

感想文をくれた学生全員に赤ペンで名前と1行コメントを書いて送り返した

野田准教授には「タクシーでそちらに向かっています」と朴君から携帯で連絡を入れていたのだが、先生は当然甲府駅からと思っていたようで、高尾からタクシーで向かっていたことを知り、えらく恐縮され「そんなことなら事前にキャンセルすべきでした」と言っていただいた。

後日、送られてきた感想文に多くの学生が「私たちのために台風の中わざわざ来てくれ感謝します」というような事が書かれており、頑張って行って「約束を守る」ことを実行でき良かったなとつくづく思っている。

愛知学泉大学

慶応義塾大学・文化地理研究会で2年後輩の梁瀬和男君は、日立製作所を退任後愛知学泉大学の教授になった。彼から「企業人として学生に話をしてほしい」と依頼され、平成16年11月26日（金）と平成17年11月25日（金）の2年連続で講演した。

タイトルは「企業は人なり」。講演時間は90分。私の経営に対する考え方、メーカーとして製品戦略としての新製品開発、人事戦略として私の欲しい人材などを話し、最後にお勧めしたい本としてデールカーネギー著『人を動かす』を紹介し、人間関係の重要性を強調した。

この講演が縁で3人の学生が日本ルツボに入社し、現在もそれぞれの分野で活躍してくれている。有難い事だと思っている。

９・11テロ、その瞬間私はアメリカに向かって飛んでいた

これまで、海外でも人前で話をする機会がたびたびあった。祝辞などをアメリカ、メキシコ、ドイツなどで行っている。ブラジルでは、サンゴバーン社よりライセンス契約40周年ということで招待を受け、原稿を作って用意していたが残念ながら体調不良で行けなかった。私の原稿で村田勝美部長が代行してくれた。

アメリカ・オハイオ州コロンバスにあるアライドミネラル社（日本ルツボの不定形耐火物の技術導入先）の創立50周年は、平成23年９月23日に会社の庭にテントを張った会場で行われた。中国やオランダに子会社、また多くの国に技術提供をしているので、それら関係者が集まり７００人くらいだった。私は予め原稿を用意しそれを読みながら話した。時間は20分位だったと思う。途中、笑いがあったり、拍手があったりしたので、私の英語が通じたと思い嬉しかった。私の気に入った個所は「The distance in miles between Tokyo and Columbus is very far, very long way. But, distance in mind, heart, between allied mineral and nippon crucible - is very close - very near.」。

終了後テーバー社長から「Big job 」と褒められたのもまた嬉しかった。

アメリカでは、もう一つ大きなエピソードが有るので書かせて頂きたい。

９・11のテロ事件のまさにその瞬間、私はアメリカに向かって飛んでいたのである。とんでも

ない体験だった。

実は、アライドミネラル社からは40周年の時にも招待されていた。9月10日、本社建て替え工事の一環として、日本ルツボの護り神である秋葉神社の遷座式を台風の中行った。その翌日がアライド社に出発の日であった。前日からの台風がまだ居座っており、心配であったので十分に余裕を見て早く家を出た。フライトは15時15分だったが、スカイライナーは順調で9時には成田に着いてしまった。ところが、同行のジョージ・ハイトが何時になっても来なく心配だった。彼は電車が遅れたそうで、ぎりぎりに着いた。飛行機は2時間ほど遅れ飛び立ち、私はやれやれと思った。ジョージはミネアポリスの乗り継ぎ時間に間に合うかを心配していた。

しばらくしてから日本語の機内アナウンスが流れた。「カナダ・バンクーバーに着陸する。理由は一切申し上げられない」だった。バンクーバーに着くと、警察官が来て乗客一人一人に指を差し、目と目を合わせた。入国検査も厳しかった。ボディチェックも念入りだった。手持ち鞄も時間をかけ検査され、カメラはシャッターを押させられた。

ターミナルビルに入ったところ、ニューヨークで何か大きな事件が起きていることを知った。我々は指示される通りにバスに乗った。行き先がシアトルであることは後で知った。10時間位乗ったと思う。アメリカへの入国検査も厳しく時間がかかり、バスは数珠つなぎだった。余談であるがこのバスの中で、当時カナダのバンフに住んでおられ、現在北海道でワイン造りに関係されている舟津さんと偶然出会い、今もお付き合いしている。ようやくホテル・ホリデーインに入り、テレビを見て初めてこのとき起こっていた事件の凄さを知った。ジョージがアライド社と連絡を取ったところ、13日の式典は中止になったとのことだった。この間、日本への電話は全く通じず、本社では我々が行方不明になったと心配してくれていたようだ。

以前アメリカンファミリー生命保険の大竹美喜社長から紹介されたリードさんがこの辺にいるはずと思い出し、日本に電話したところ、大竹社長はボストンに行っているとのこと。秘書がリードさんの連絡先を教えてくれた。リードさんはこの日ニューヨークに行く予定だったが、幸いにも誕生日のため１日延期していたという。すぐに連絡がつきホテルに来てくれた。

飛行機に預けた荷物は機内に置かれたままで、我々は着のみ着のままであった。リードさんの案内で下着などを購入した。彼のオフィスも使わせていただけることになり、ジョージはパソコンなどを使いながら連絡をしていた。本当にラッキーな有難い事だった。これが縁で私が困っていた時にリードさんが日本ルツボの株を大量に持ってくれたことがある。

事務所には日本人がいて、炉メーカーやベンチャー企業にも連れて行ってくれたが、商売になるものは無かった。印象に残っていることといえば「あれがマイクロソフトのビルゲイツさんの屋敷です」と、一つの島を指さされたこと。飛行機が飛ばないのだからどうしようもない。イチローのいる野球を見に行こうとしたが、そのような娯楽は一切中止であった。

やっとの思いでフライトが取れ、成田に帰ってきたのは18日の朝の５時頃だった。心身共に疲れた出張だった。

メキシコでの祝辞

シナサ社（日本ルツボより樋材、マッド材の技術供与先）の40周年と50周年の2回、祝辞を述べている。40周年の時に記念植樹をして、50周年の時にはずいぶん大きくなっていた。これからの成長が楽しみである。

50周年の時にはオーナーのフルタードさんと、「彼が持っているクラシックカーと私は1937年生まれで同い年であります。禿は頭の良い証拠です。なぜなら禿の猿はいません。フルタードさんも私も大分クレーバーになりました」と話した時、会場から笑いが起きたので話が通じたと思い嬉しかった。社長になってからはほとんど海外には一人きりで行くことは無かったが、この出張は一人だったのでダラスでの乗り継ぎに苦労した。

ドイツ

RUMICO社（設立時　日本ルツボ40％：バサルト社40％：三井物産20％の資本比率）は、ドイツにある合弁会社である。名前はRUTUBO,MITUIからRUMICOにした。私は平成27年6月14日に、大久保正志社長、村田勝美部長と共にデュッセルドルフに出張した。

RUMICO設立時のパートナーだったドクター・グラニッキーが80歳で亡くなった。私は彼の未亡人と息子さんとともにお墓参りに行った。お墓の前に立つと、不思議なことに会社スタート時のことが蘇る。彼は強くライセンスを望み、私は合弁会社を主張した。私にとって、この様な交渉は初めての体験であった。睨みあって激しくやり合った。私がベルギーにあるラムタイト社と交渉していることも彼の耳に入った。ライセンスではあなたとは組まないと強く主張し続けた。三井物産の小池拓夫氏も強力に協力してくれた。その結果、彼が折れてRUMICO社設立となった。

一時期はロイヤリティーと配当金で年間1億円以上の送金があり、日本ルツボに大きく貢献してくれた。その後、彼は日本に来ることをとても楽しみにしていた。私も彼を箱根や九州の雲仙、阿蘇等に案内した。名前の呼び方も「エルンスト」、「タミオ」で蜜月な関係だった。技術的には武田健三君、高橋一彦君と良くコンタクトを取っていた。

平成27年6月17日GIFAの展示会を見た後、RUMICOの40周年の記念パーティーがあった。その席で私は、マクセル、ドーブ、ジュネス、大久保社長、村田部長と少ない人数ではあったが祝辞を述べた。ドクター・グラニツキーとの関係などを話し、40年間続いたことに感謝し、これからも続けて頂けるようお願いした。

技術の発表

メルキーパーに関する技術発表を中心に、国内では数回、海外ではアメリカと中国で2回、オーストラリアで1回発表している。日本鋳造工学会関東支部、関西支部、東海支部の分科会などで、タイトルは「開発は不可能を可能にする」だった。

自分を成長させる「悔しい!」気持ち

古希を過ぎた頃より「お元気ですね」の挨拶を耳にするようになった。当初は、若い人には使わない言葉だけに大分抵抗があったが、最近は心地よく受け取れるようになった。

近年、学校の同期生や社会の同世代の人達の中で、体調を崩した、認知症の疑いがある等の話を聞くことが多くなった。75歳からが「後期高齢者」という意味が理解できるような気がする。特に感ずるのは個人差がだんだん大きくなることである。

書店には健康長寿の教え・秘訣などが書かれた本が非常に多く置かれている。それだけ一般市民から関心を持たれている証拠だと思う。本によって肉は食べないほうがよい、いや食べなければいけないなど相反する教えもあるが、共通して言えることは「過食は良くない」ということだと思う。また、これらの本には食べること以外に運動やメンタルのことが当然書かれている。いずれの本にも歩くことの良さが強調され、また笑顔が健康に良いと綴られている。私もこれらの本で学び健康で長寿を目指したいと思っている。

高齢者の生き方についての著書も無数にある。例えば日野原重明先生の『生き方上手』で先生の新老人活動のことが記されている。新老人とは「心身共に元気な満75歳以上で持てる能力を仕事やボランティアを通して社会のために使っている未だ現役志向の人に限ります」とある。そして「人は生涯現役であるべきだ」と提唱されている。

故斎藤茂太先生は『老いは楽しい』の中で「若い頃は明日の収穫のために頑張る時期である。しかし老いを迎えたらもう頑張らなくても良い」と老人に優しく語りかけている。更に年をとったら捨てるものとして、「羨ましい、憎らしい、悔しい」の三つのシイを捨てなさいと書いている。私はこの個所に非常に心を動かされた。

「それもそうだな」「いや待てよ、そんなことではないだろう」。そこで「憎らしい」が一番捨てやすいかな、と思う。しかし「羨ましい」もなかなか捨てられない。ゴルフ一つ取ってみても、同世代の人で飛距離が出て良いスコアでプレーする人は羨ましいものである。まして「悔しい」はもっと捨てられないのではないか？　いや、茂太先生には申し訳ないが、人間最後までこの気持ちを持ち続けるべきではないだろうか。

私は今も財界で活躍されているほぼ同世代の３人の方々と時々ゴルフをしているが、３人の腕前は拮抗しており、私だけが蚊帳の外でそれこそ悔しい思いをしている。

以前も私が理事を務める久能カントリー倶楽部で、このメンバーでプレーをした時に食事中にこの話をしたところ、メンバーの一人がバンカーで大叩きをしたことを思い出し、突然「悔しい！」と叫んだ。「アッ、同じ考えの人もいる」と知り、内心大変嬉しかった。そして、この気持ちこそ自分を成長させるのに大切な要素だと感じた。

「悔しい」は、「憎らしい」「羨ましい」とは異なり、対象となる人もいないので誰にも迷惑をかけることはない。

これからも無理のない「悔しい」気持ちを持って自分を成長させ、「楽しい、嬉しい、懐かしい」の三つのシイを使えるような日々を過ごしたいと願っている。

「新老人」になりたい

斉藤茂太先生は、著書『老いは楽しい』の中で「若い頃は、明日の収穫のために頑張る時期である。しかし老いを迎えたら、もう頑張らなくても良い」、「羨ましい・憎たらしい・悔しいの三つのシイを捨てましょう」、「若いときには若いときならではの楽しみがあるように、年を取ったからこそ手に入る楽しみもある」と、高齢者に対し、とても優しい考え方をしておられる。

また日野原重明先生は、「75歳になったら晴れて新老人」と言って、『新老人運動』を展開しておられる。この運動は高齢者の権利を守ってもらおう、手厚く擁護してもらおうという運動ではない。年寄りにしかできないこと、年寄りだからできることを、年寄りの使命として年寄りの手で実現させようという運動である。

『新老人』として呼ぶにふさわしい資格は、「心身ともに元気な満75歳以上の老人で、持てる能力を仕事やボランティアを通して社会のために使っている、あるいは使える機会を窺っている、いまだ現役志向の人に限ります」、「どんなに元気であろうと、子や嫁の世話になることだけを期待している人に、この資格は差し上げられません」、「人は生涯現役であるべきです」と言っておられる。

曽野綾子さんの著書『人間にとって成熟とは何か』の中では、「老人なのに成熟していない人」という言葉が使われている。私は曽野さんの文脈から「高齢化は権利ではない、老人は甘えるな、自分でできることは他人に頼るな、自活せよ」と言っているように感じる。

私の家内は以前、庭で孫とボール遊びをしていて転び、右手を骨折した。ギプスをした右手は痛々しく、一カ月ほど全く使えなかった。車の運転ができないので、片道30分かかるクリニックに歩いて通い続けたが、健康に良いと前向きであった。また、字が書けない不自由も、左手でパソコンを打って日記をつけ、スーパーへ注文し、料理・洗濯・掃除なども左手で器用にこなしていた。曽野さんから表彰されても良い自活ぶりだったと思う。

本稿で私は３人の教えを記した。全ての高齢者が日野原先生の提唱する「新老人」の資格をいただけるのが理想だが、人それぞれ健康状態や家族の状況など事情が異なるだろう。クラス会や同期会に出席すると、とかく友人の健康や生活が気になるもの。「幾つまで働くつもりなの」「元気なのに、なんでブラブラしているの」などと、言ったり言われたりするが、人それぞれに事情があり、いくら人に言われてもそうはできないことが多い。

そこで私は、老後の生活は「自由選択」で良いのではないかと考えている。それぞれの生活を認め合うことが大切だ。斉藤茂太先生の教えのように、絵を描いたり旅行をしたりゴルフを楽しんだりと、趣味を大切にしたノンビリとした老後も良いし、体力と気力があれば日野原先生の「新老人運動」に習って仕事やボランティアなどで社会のために役立つ活動をするのも良いだろう。私自身は、できることなら「新老人」の生き方を選択したいと思っている。しかし、最も大切なのは、曽野綾子さんに「成熟していない老人」と言われないように、幾つになっても「人に迷惑はかけたくない」と願い、努力することではないだろうか。

〈寄稿〉夫 民雄と私

私達は東京オリンピックの前年、昭和38年3月にパレスホテルで結婚式を挙げました。民雄25歳、眞理子22歳でした。

この結婚については、私の祖母・茂登が大乗り気で、「民雄ちゃんなら妹たちとも仲がいいし、第一お父さんの源之助さんは、学があって礼儀正しく、これからのお付き合いに間違いない」と勧められました。

両親は、自分たちが「又いとこ」なので、今回は家同士のつながりがないお相手をと考えていたようですが、押し切られ、若い二人は何が何だかわからないうちに九州へ新婚旅行となりました。

民雄は叔父にあたる私の父・眞雄と気が合い、第二の父と慕ってくれました。休みの日には、大のゴルフ好きだった父とともに千葉カントリーや日高カントリー倶楽部に出かけ、プレーを楽しんでいました。

父は技術系の役員として日本ルツボに在籍していたので、民雄が取り組んでいた新製品の開発や図面のことなど、技術面でなにかと相談に乗ってもらっていました。

また、父と民雄は同郷であったため、故郷の話が始まると女性軍は入り込める隙がありません。村・親戚のうわさ話や、住み込み従業員の方との思い出話を、当時のあだ名で「○○は～」「△△は～」など、懐かしそうに語り合っていました。

また、岡田家は江戸時代に中山道蕨宿に於いて、本陣、問屋、名主の三役を兼務しておりました。父は昭和48年に本陣の面影を少しでも後世に残したいと思い立ち、建築家谷口吉郎さんに相談、監修の元、旧中山道面敷地に「中山道蕨本陣跡」記念碑を完成させました。

それから40年経って傷みが目立ち、今度は民雄の企画で平成25年に株式会社鈴徳さんの施工で修復し、市長さんはじめ大勢の方々にお集まりいただき、お披露目をしました。お隣の蕨歴史民俗資料館と共に蕨宿のシンボルとして、市民の皆さんに愛されております。

ところで私達は、３人姉妹で、次女が奈津子、三女が眞知子といいます。

次女・奈津子は八街の西村家の次男・和夫さんと結婚しました。和夫さんは民雄の大学

中山道蕨宿本陣跡記念碑

の後輩でもあり、野田の従兄に嫁いでいた姉の良子さんの口添えもあって結婚が決まりました。両親は喜んで敷地内に家を建てました。その家に大学時代のお仲間が大勢遊びにみえ、その中のひとりで信州佐久出身の井出昭一さんに、三女・眞知子が淡い恋心を抱き、我が家で初の恋愛結婚となりました。両親は喜んで次女の家の隣に3軒目の家を建てました。

その10年後には、私共に男の子と女の子、西村に男の子3人、井出に女の子2人の計7名の子供が、各家構わず走り回り「岡田村」となりました。

私どもの長男・拓也は、スポーツマンでカッコイイ和夫おじちゃんが大好きで、何でも言うことを聞き、奈津子の長男・謙太郎は、学者肌で芸術を解する井出おじちゃんに傾倒しておりました。女の子たちは民雄パパにからかわれ、キャッキャと逃げ回っていました。

そんなわけで、子供たちは母親たちや祖母・多重子と多くの大人に見守られながら育てられ、男性軍はそれぞれに自分の仕事に専念でき、また全員でゴルフを楽しんでいました。義弟たちは「民雄兄さん、民雄兄さん」と何でも相談し、先輩として尊敬していました。

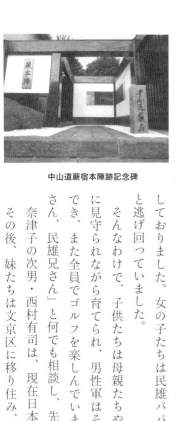

奈津子の次男・西村有司は、現在日本ルッポに勤務しております。

その後、妹たちは文京区に移り住み、代わって娘夫婦と小学2年生、幼稚園年少組の２人の孫が住んでいます。「じーたん、ばーたん」と呼ばれ、年中我が家に入り浸りです。

私は一人参加の旅行が好きなのですが、出かける際には「じーたん」の食事の世話を引き受けてくれるので助かります。主人は特に好き嫌いがなく、「出して頂いたものは何でも食べます」が口癖で助かっています。強いて言えば、お刺身とヒレステーキが好物でしょうか。

岡田村の子供たち

最近は携帯電話をスマホに替え、悪戦苦闘中。「ちょっと触ったら電話が掛かっちゃった」とか「留守電の聴き方がわからない」とかぼやいています。当初はＡＩに「今日のジャイアンツはいかがでしょうか?・」と丁寧に尋ねたら返事がなかったそう。今は簡単に「ジャイアンツは?・」「稀勢の里は?・」「蕨の天気は?・」と便利に使っているようです。

昔から皆様とのお付き合いが大好きで、今もなるべく所属している会には出席し、旅行にも参加を心掛けているようです。特に毎週金曜日には交詢社で、講演を拝聴したり太極拳を習ったりが最近の楽しみです。

尾瀬にて　妻・眞理子と（2015 年）

健康に留意して、月並みですが長生きしてもらえればこれ以上のことは望みません。

岡田　眞理子

あとがき

日本ルツボは、お陰様で平成30年をもって創業133年を迎えました。大久保社長を中心とする経営陣の手腕はもちろん、社員の皆さんの熱意の賜物で、昨今の業績は好調と聞いております。明治に産声をあげた小さな会社が、大正、昭和、平成と時代を生き延び、その平成も最後となるこの年、新たな時代へ飛び立つこの年に、このような本を出版できたことを本当に嬉しく思っております。

この本は、私が日本ルツボ社の社長・会長時代から雑誌や業界誌等に寄稿してきた、論文や寄稿文、随筆などを中心に構成しています。

実父の影響で中学時代から日記を書き続けていたためか、時々の思いや記録を文章に綴ることが好きで、気づけば結構な量の原稿が手元にありました。そこで、会長職を退任し自分の時間ができたのを機に、これらを一冊の本にまとめてみようと思い立ちました。

しかし、自分の思い出話を大々的に出版するなどおこがましいとも思い、当初はスクラップ集のような簡素な冊子形式でと考えておりましたところ、東京ガスの常務・副社長時代から親しくして頂いており、日本ルツボの社外監査役でもある草野成郎氏に「それはもったいない！　きちんとした本にするべきだ』と背中をドンと押してもらい、さらに出版社まで紹介していただきました。

実は、編集に取りかかってからも、あまりの作業量の多さに諦めかけたこともありました。しかし、草野氏や担当編集者が、時に消極的になりがちな私を勇気づけ、校正を重ねるごとに私の本気度を高めていただくことができました。改めて感謝いたします。

また、波乱万丈とまでは申しませんが、人に比べてやや異質な歩みをしてきた私には、幸運にも場面ごとにお世話になった方々が多数おられます。振り返れば、親に助けられ、友人に助けられ、恩師に助けられ、会社の仲間たちなど、周りの多くの人たちに助けられてきました。これまでお世話になった全ての方々に、この場を借りて、心よりお礼申し上げます。

岡田民雄

平成30年　吉日

【連絡先】メールアドレス tommy@warabi.ne.jp

参考資料

岡田相談役　特許出願

特許出願56件、意匠登録5件

No	名称
1	坩堝炉型ｱﾙﾐﾆｳﾑ熔解装置
2	低融点金属溶湯の保持炉（直接通電）
3	黒鉛坩堝用坩台
4	坩堝炉型ｱﾙﾐﾆｳﾑ溶解装置（ﾀﾞﾗｲｯｺﾒﾙﾀｰ）
5	坩堝運搬具
6	ｱﾙﾐﾆｳﾑとそれより高融点の金属とを含んだ原材料から ｱﾙﾐﾆｳﾑを溶解して分離する方法及び装置
7	分離したスラグを排出しやすくした坩堝炉
8	取鍋（ﾎｯﾄﾘｰﾍﾞ）
9	坩堝炉を原型とした低融点金属の連続溶解保持装置
10	非鉄溶融金属用黒鉛炭化珪素質坩堝及びその製造方法
11	溶湯注入式坩堝炉における坩堝
12	金属溶解保持炉
13	金属溶湯の移送用ﾎﾟﾝﾌﾟ
14	坩堝炉
15	溶融金属用坩堝とその製造方法
16	坩堝炉式取鍋
17	断熱取鍋及びその製造方法
18	蓋付取鍋
19	鋳物用取鍋
20	ｱﾙﾐﾆｳﾑｲﾝｺﾞｯﾄ等の溶解保持炉　（ﾒﾙｷｰﾊﾟｰ関連）
21	破壊用ブレーカーの矢
22	アルミニウム分離回収用溶解装置
23	アルミニウム溶解炉の内張構造及びその内張施工方法
24	移動式予熱タワー付き坩堝炉
25	タワー型アルミニウム溶解炉
26	溶融金属フローティング熱電対プローブ
27	坩堝炉
28	予熱リング付き坩堝炉
29	アルミニウム溶解炉
30	坩堝式溶解保持炉
31	通電加熱装置
32	加熱処理装置及び加熱処理方法
33	伝熱容器及びその製造方法
34	坩堝式連続溶解炉
35	押湯加熱装置
36	押湯加熱装置
37	傾動式坩堝炉
38	溶湯測温用保護管および溶湯測温計
39	溶湯採取具
40	鋳造装置
41	溶解装置および溶解処理車
42	有価金属回収装置（エコカバリⅠ）
43	アスベスト廃棄物の溶融処理装置及び溶融処理方法
44	通電加熱装置（CFR共同開発分）
45	溶湯保持炉　（ボトムヒーター式アルミバス）
46	流し込み不定形耐火物(ﾚﾃﾞｨｷｬｽﾄ)
47	通電加熱装置
48	金属溶解炉
49	坩堝式連続溶解炉
50	移動式傾動坩堝炉
51	有価金属回収装置
52	溶湯保持炉　（アルホルダー）
53	有価金属回収装置
54	誘導加熱炉用坩堝
55	取鍋加熱装置
56	ヒーターチューブ

意匠特許

No	名称
1	鋳造用坩堝　（縦溝型坩堝；国内商標ZEBRAX）
2	坩台（エコ坩台）
3	浸漬ヒーター用管　（ゼブラックス型）
4	溶解および保持用坩堝炉　（MK炉）
5	溶解および保持用坩堝炉　（MK炉）

筆者の特許出願一覧

Essay ● ずいひつ

経済産業大臣賞を受賞して

岡田民雄
おかだ・たみお
[日本ルツボ社長]

高校時代の私は、三年間化学クラブに所属していて理工系のことに興味を持っていた。しかし慶應義塾大学では史学を専攻し、文化地理研究会というサークルに入って全国を旅しながら各地の見聞を楽しんでいた。ところが大学卒業後、昭和三十五年にメーカーである日本ルツボに入社して、たまたま技術サービス部という所に配属になったことが、その後の私の会社での仕事の進め方に大きな影響を与えることになった。

技術サービス部での仕事は、会社が出願する特許について弁理士との連絡役や、文献調査などであった。特許に関するこのような仕事をしていると、門前の小僧の如く、次第に用語や原理も覚えて、技術的なことに興味を持つようになった。この最初の仕事のおかげで、その後営業部に転属になってからも、なんとか客先が使いやすい、自分が売りやすい製品を開発出来ないものかといつも考えながら仕事をしたので、営業マンといっても技術部門や工場部門と一緒に仕事を進めたことが多かった。

こうして、いくつかの新製品を作り出すことが出来た。製品には一般的にライフサイクルというものがあるが、私が主体となって開発された製品の一つは、四十年経ったいまでも大量に売れている。客先の役に立っているからであろうし、競合メーカーもこの長期間の「ブランド品」には手を出してこない。

昭和六十二年に日本ルツボを一時退社して、実兄（藤崎孝雄）が経営する久能カントリー倶楽部の設立や、その会員募集に携わり、オープン後は総支配人としてお客様をお迎えしていた。人間関係の広がりは勿論であるが、コースの設計段階からクラブハウスの建設まで、土木、建築など技術的な事もつぶさに観察することが出来た。

平成七年、ふたたび日本ルツボに戻り、翌年社長に就任した。バブルが弾け、不況ムード一色であった。当時、会社の生きる道は経費節減しかなかった。苦しい中でも何とか製品開発が出来ないものかと、技術開発部を強化したが、なかなか画期的な新製品が生まれなかった。それでも私は社長として諦めるわけにはいかなかった。

商売は、売れないばかりでなく、価格競争が激化して利益はどんどん減ってしまう。なんとしてでもユーザーに魅力のある新製品を開発してやらねばの気持ちが強くなった。

平成十年、私は自分で考えた黒鉛坩堝を使ったアルミ連続溶解炉（メルキーパー）のアイデアを技術者に指示して開発をスタートさせた。社内での一年間の試行錯誤の後、山武コントロールプロダクト（株）の快諾を頂いて現場テストに持ち込んだ。現場で改良しながら、満足いけるところまでに仕上げた。

この炉はあまりにも画期的なシステムと設計であったため、顧客は新規採用に躊躇した。そこでテストをして頂いた客先現場で稼働しているこの炉を顧客に見せ、アルミの溶解炉に求められる三大要素である、①省エネ ②高歩留 ③高品質を満足している炉であることを、実際の使用者からデータに基づき説明して頂いた。

そのことがこの炉の市場参入に大いに役に立ったのである。徐々に普及しはじめて、独創性と省エネルギー性が評価され、今年の二月に産業界では最高の賞である「経済産業大臣賞」を受賞することが出来た。

「製品は使用者の役に立たないと売れない」という真理をこの頃つくづく思う。今後もこのことを肝に銘じて、客先の役に立つ、そして社会に役立つ製品を開発し続けていきたい。

「財界」2004年「春季特大号」

長嶋茂雄さんの国民栄誉賞受賞に思う

岡田　民雄
おかだ・たみお
[日本ルツボ会長]

平成25年5月5日に長嶋茂雄さん、松井秀喜さんへの国民栄誉賞の表彰式が東京ドームにて行われた。テレビでお2人の入場、安倍総理より賞状と記念の黄金バットを受け取る姿、またオープンカーから笑顔で手を振る様子を私は夢中で見ていた。

私は、お2人が一緒に表彰されたことに大きな意義があると思う。昨今、指導者の体罰・暴言の問題、人間関係の絆の希薄化、一方ではアベノミクスで日本が再び明るさを取り戻しつつあるこの時期に、実に素晴らしいタイミングの儀式だと思う。

私は佐倉一高時代、長嶋さんの2年後輩になるが、実兄・故藤崎孝雄がOBとして高校時代の長嶋さんをコーチした縁で知り合いになった。また監督として長嶋さんを指導した加藤哲夫先生とは、お互いに千葉黎明学園の理事としてよくお会いする。

先生は、かつて砂押邦信監督が率いる立教大学野球部にいた。大学在学中に母校の野球部監督に就任されている。その時の選手に長嶋さんがいた。「長嶋君は高校2年の秋まではショートだったが、急に背が伸びたせいかトンネルが多くなり、サードにコンバートした」と加藤先生からよく聞かされている。「サード長嶋」の誕生である。この先生の関係で長嶋さんは立教の砂押監督の所に行ったのである。

その他にも長嶋さんと私のエピソードは幾つかある。

昭和33年4月10日、長嶋さんは午前中、私の兄の結婚式に出席、午後の試合でプロ入り第1号ホームランを放たれた。

結婚式場の付近に写生に来ていた多くの小学生が長嶋さんの来ていることを聞きつけ一生懸命探していた。冗談好きな叔父が「長嶋さんは帰ってしまったがあそこに弟がいる」と言って私を指さしたとのこと。私は何が何だか訳が分からないまま多くの小学生に囲まれてしまった。「弟ではない、長嶋さんには弟はいない」と真面目に説明しても「似ている。似ている。嘘をついている。本当は弟なんだろう」と言って全く離れようとしてくれなかった。こんな体験は一生に一度だけである。

また、昭和34年3月23日のこと、当時富里村久能の私の実家に学生仲間8人で上野から成田に向かう途中、印旛沼を見に行くことになり、京成臼井駅で下車、沼に行く途中に長嶋さんの実家があるので荷物だけ置かせてもらおうと思い訪ねた。

私は、長嶋さんのお母さんとは面識がなかったが「久能の丸山（屋号）です」と挨拶したらすぐに分かっていただけて、快く荷物を預かってくれた。沼辺を散策して戻ったら何とテーブルに食事が用意されていた。全く想定外の出来事だった。さらに我々の仲間の1人に飯野海運の御曹司がいた。長嶋さんが下宿している家が彼の親戚だったことから、お母さんは彼に「茂雄がお世話になってます」と丁寧に頭を下げられた。我々にとって忘れられない1日である。

昭和35年2月3日（子年、節分）に年男の長嶋さんは、成田山の豆撒きに呼ばれた。私の兄がスポンサーになり、梅屋旅館に席を取った。斎戒沐浴のためホスト役の私がお風呂に案内し、2人で入った。上衣と袴で身を正し、鳶職の騎馬戦に乗りあの急な成田山の石段を上がっていく若かりし長嶋さんの勇姿が今も私の目に焼き付いている。

このように縁のある長嶋さんが受賞されたことは私にとっても大変嬉しいことでもあり心よりお祝いを申し上げたい。これからもリハビリに努められ益々お元気になっていただき、巨人ファン、野球ファンだけでなく、全国民に希望、勇気、夢を与え続けてほしいと願っている。

『財界』2013年6月25日号

絆——大切にしたい言葉

岡田 民雄
おかだ・たみお
[日本ルツボ会長]

本年の「財界賞・経営者賞」贈呈式に参加させていただき有り難く思っている。

この時の村田博文社長と㈱ぐるなびの滝久雄会長のお話の中で「絆」という表現をされ、私は大変感動した。というのは、今私はこの言葉に大きな魅力を感じているからである。

・恩師の教えとしての絆

私は昭和二十五年に千葉県成田中学に入学した。担任は今井義武先生で、大学を卒業され教員として最初に受け持ったのが我々のクラスであった。

先生は千葉県内の八つの中学で教鞭をとられ、六十歳で定年退任される時に、教え子、同僚、友人に自分のことについて思い出など書いて、原稿を送って欲しい旨依頼していた。その先生は平成二十年四月に八十歳で亡くなられた。

柏市の鈴木敏彦さんから、今井先生の所に集まっている原稿で記念誌を作りたい旨の手紙が届いた。私も喜んで協力することにした。鈴木さんも柏中学での教え子の一人である。今井先生の清子夫人と鈴木さんが中心となり記念誌『「教育の源流」―今井先生と私たち―』が立派に完成した。執筆者は何と九十六名に及んでいた。

教え子達の文の内容はほとんどが怖い先生でよく叱られたが、育てていただいたことへの感謝の気持ちであった。私の文のタイトルは「三ヶ月先生の日の出」であった。先生は顎が尖っていたので成田で付いたこの渾名は生涯付いて廻った。

私は先生が成田で教員としてのスタートをしたのでこのようにした。内容はやはり悪いことをして叱られたこと。また自分でも特別に印象に残っていることなのだが、お説教で我々を教室に正座させたまま忘れて映画を見に行ってしまい、他の先生から帰ってもよいと言われたことなどであった。この出版を記念して「今井義武先生を偲ぶ会」を平成二十一年十一月八日に海浜幕張のホテルで開催した。私は教え子第一期生ということで実行委員長をし、別々の中学、別々の世代の人達六十二名が集い、今井先生を偲んだ。

今井先生は出会った多くの教え子、同僚、友人と強く結びついていたからこそ多くの原稿が集まり、偲ぶ会にも五十年以上も昔にお世話になった教え子達が集まったものと思う。私はこれこそが「絆」だと思う。今も今井先生は私の心の中には生きておられ絆の大切さを教えられているような気がしている。

・祝辞として贈った言葉

社員の結婚披露宴の祝辞で贈った言葉は、「絆」であった。夫婦の絆、家族の絆、同僚との絆、いずれも大切である。新カップルには、先ず夫婦の強い絆で幸せな家庭を築いて欲しいと願っている。

・新年の挨拶として使った絆

基本姿勢として

永遠に存続する会社にしたい
社員が安心して働ける会社にしたい
利益の出る会社にしたい

社是として

人に笑顔・仕事に挑戦・社員に安心・社会に貢献・顧客に満足・会社に利益

経営理念として

我が社は創造性豊かな活力に満ちた役職員により、伝統を守りつつ、いかなる時代、いかなる環境にも適合する会社を目指します。これらの経営原点を話すと共に、その年、その年のふさわしいと思える言葉を社員に贈っている。昨年は「忍耐」、その前は「思いやり」というように今年は「絆」にした。私は社員に今年も相当厳しい状況が続くことだろうが、全社一丸となり強い絆で結ばれこのピンチを脱しようではないかと訴えた。

『財界』2010年3月23日号

設備ジャーナル　1997年(平成9年)1月1日　(2)

この道一筋

ダライ粉溶解炉

「ダダッ子社長」の執念

日本坩堝株式会社
代表取締役社長
岡田 民雄氏

――「ダライッコメルター」を九六年日本ダイカスト展示会に出品されていましたね。

岡田　実は出展申し込み締切り前に日本ダイカスト協会の金子専務理事よりご案内いただき、この炉はまだ納入実績もなかったので、ためらいはあったが、思い切って出展した。

――大変人気があったようですが、特徴は。

岡田　私が想像していた以上に人気があり、非常に嬉しく思った。この炉の特徴を一言で言うと「黒鉛るつぼを使用した連続溶解」を可能にしたことだろう。誰もが、るつぼ炉はバッチ式と考えているが、この炉はそこに工夫がある。

――炉構造について。

岡田　それが全くコロンブスの卵と言うか、でき上がってしまった今では何も難しいことがない。るつぼの胴部中間に穴を開け、溶けたアルミはそこからオーバーフローするだけ。たったこれだけのことだが、気が付くまでは試行錯誤を繰り返し、何やかや一年かかってしまった。

――商品名がユニークで面白いですね。

岡田　ダライ粉（切粉）を溶かすための炉をイメージした。子供が駄々をこねて親に欲しいオモチャをねだるように、私が技術陣に黒鉛るつぼを使用してダライ粉を溶かせる炉を開発して欲しいとねだった。このため社内では「ダライッコメルター」ではなく「ダダッコメルター」と呼んでいる人もいる。

私は面白おかしく製品開発ができたら最高だと思っている。

――ダライ粉だけでなく他にも使えるのでは。

岡田　ダライ粉は油を含んでおり、また非常に酸化し易いので、溶解は確かに難しい。その油を飛ばすための前処理、酸化させないよう溶湯中に入れるための誘導撹拌装置や溶湯ポンプなどの大掛かりな設備をこの炉は一切使わず、小規模溶解を目的にしているので、いろいろな用途が考えられる。

アルミ缶を粉砕しチップ化すれば、ダライ粉と全く同じに溶解できる。今年四月一日より容器包装リサイクル法が施行されると、地方自治体がアルミ缶のリサイクルでも困るのではないかと思う。ダイカストでは溶解兼保持炉の手元炉としても使える。砂型では、ダライッコメルター炉の後工程にるつぼ炉を置き、精錬、保持、注湯を交互に繰り返して使用することも考えられる。

また、エンジンブロック、シリンダーヘッドなど、アルミと鉄の複合金属の溶解分離装置としても考えており、るつぼ内に残った鉄をどう取り出すのかのテストを続けている。

炉の構造は簡単だが、多用途に使われる可能性を持っている。今後は、用途別にお客様のニーズに合うよう対応していきたいと考えている。

▽本社＝東京都渋谷区恵比寿一―二一―三、03・3443・5551▽代表取締役社長＝岡田民雄▽資本金＝六億五千三百万円▽設立＝一九〇六年▽年間売上高＝八十二億円▽従業員数＝二百十名

「設備ジャーナル」1997年1月1日付

設備ジャーナル　1998年(平成10年)1月1日　(2)

この道一筋

るつぼ炉式取鍋
温度降下小さく易交換性

――このところ、次々と新製品を出しておられるようですね。

岡田　私の社長就任以来、オリジナル製品の開発を志向しているので、新製品が出だしたものと思う。昨年開発したるつぼ式アルミダライ粉溶解炉「ダライッコメルター」もお陰さまで好評で順調に受注件数も増してきている。

今回世に出するつぼ炉式取鍋「ホットリーベ」も社員全員の活動が実ったもので、二年前に開発し既に実用化されている易交換性の取鍋「カセットリーベ」をステップアップして加熱機能を付加したものだ。ニーズとしては当社固有技術である黒鉛るつぼの用途開発の一つだ。

――ホットリーベの概要を。

岡田　アルミ、銅合金、鋳鉄など鋳造現場では溶解炉から取鍋に受け保持炉に配湯するか型に鋳込むわけだが、その間に取鍋内の溶湯温度が降下する。多くのお客様から「不良率低減や溶解炉、保持炉のエネルギー原単位低減のため、取鍋内溶湯の温度降下をできるだけ小さくしたい」という強い要望が以前からあった。それに答えるべくカセットリーベで対応しているが、今回これに加熱機能を付けることによりもっと温度降下を小さくしたのが「ホットリーベ」だ。

私にとっては、炭などを使って温度降下防止を図った二十年前から追っている大きなテーマだ。

――基本構造は。

岡田　可傾式るつぼ炉を取鍋として使用することだ。そのるつぼ炉を移動可能にするためにバーナーを着脱式にした。そこに一つの考案がある。あとは一般の取鍋と同じに扱える。何も難しいことを考えたわけではなくいたって単純な構造だ。

――温度降下はどれ位小さくできるのですか。

岡田　アルミでの社内実験ではほとんど下がらない。現在鋳造工場で実際下がっている温度の半分以下を目標にしたい。例えば八十度降下してるのであれば四十度以下にしたいと思っている。

――他のメリットは。

岡田　高温焼成した黒鉛るつぼを使用しているので不定形耐火物からのような水素ガス吸収もなく溶湯品質の向上になり不良率の低減になる。修理時にはるつぼをそっくり交換するだけでよく、パッチング材のように中間補修はほとんど不要になり大幅に労務費の軽減になる。従来取鍋の解体施工に比べ作業環境の改善のメリットも大きい。

――今後の方針を。

岡田　既にあるお客様より要求があり今月から銅合金百㌔取鍋で実地テストの予定だ。鋳造技術者にとって大きなメリットが考えられるのでアルミ、鋳鉄の分野からもテスト依頼が多くなると思う。

社内態勢を整え対応する。四月までには現場でのテストを終了し発売を予定している。

日本坩堝株式会社
代表取締役社長
岡田 民雄 氏

▽本社＝東京都渋谷区恵比寿一―二一―三、０３・３４４３・５５５１▽代表取締役社長＝岡田民雄▽資本金＝六億五千三百万円▽創業＝一八八五年▽年間売上高＝八十四億円▽従業員数＝二百十名

設備ジャーナル 1998年1月1日付

この道一筋

るつぼ式連続炉

低温溶解、適温鋳造手元炉

日本坩堝株式会社
代表取締役社長
岡田 民雄 氏

――昨年のダイカスト展では前回に続き新開発の炉を出展されました。

岡田　今回も黒鉛るつぼの特性を活かして開発した溶解兼保持炉を展示した。当社は今年で創業百十四年になるが、一貫して製造しているのは黒鉛るつぼだ。私は社長就任以来、るつぼの用途開発に力を入れており、今回の炉もその一環だ。

――名称と構造は。

岡田　連続式アルミ溶解・保持炉なので、メルティング・アンド・キーピングから「メルキーパー」と呼ぶことにした。

構造は溶解と保持のるつぼ炉を二つ接続したようなものだ。バッチ式イメージの強かったるつぼを連続溶解が可能にできる構造にした。溶解の方には移動可能なタワーを付け、タワー内のインゴットやリターン材をバーナーの排熱と熱交換をし省エネを図った。

――近年アルミ溶解炉に求められているのは。

岡田　省エネ・高品質・高歩留まりであり、私はこれをアルミ溶解炉の三大要素と考えている。

省エネについては、溶解と保持バーナーの排熱はタワー内で材料の予熱に利用している。溶湯が耐火物には触れずファイバー系断熱材が使える。従って炉の重量が軽く、熱容量が小さいため、夜間や休日明けの立ち上げ時間が短縮でき、間欠操業にも適している。

高品質・高歩留りに関しては、予熱された材料は自然降下し溶湯で溶かされ、結果、湯温は低く保てる。溶湯は樋を通じ保持るつぼに流入し、間接加熱により適温まで昇温される。

私は低温溶解、適温鋳造と表現している。アルミ溶解で最も大切なことは、溶湯を過温しないこと、そして火炎を直接溶湯に当てないことだ。オバケ、酸化物、メタルロス、ガス吸収、エネルギーロスなどは、すべて過温に起因していると思う。

――その他の特徴を。

岡田　一般の連続溶解兼保持炉は、数日間の定期炉修が必要だが「メルキーパー」の場合には不要だ。ただ短時間のるつぼ交換のみの軽作業で済む。次に非常にコンパクトであり、従来の手元保持炉からの置換も可能。なお、同一炉でもるつぼ交換により多品種溶解にも対応できる。また、生産調整はストッパーなどを使わずバーナーコントロールのみで可能だ。

――用途や実績を。

岡田　第一にはダイカスト向けに考えている。溶解能力は百―三百㌔㌘/時だ。次に砂型・金型鋳造への適用も計画をしている。

あるお客様にテスト炉を納入した日が平成十年十月十日だったので、私は、その日を「メルキーパー誕生の日」と言っている。ヒドロ系合金で二週間ご使用いただいた。百―百五十㌔㌘/時でご使用の結果、原単位は溶解・保持併せて約六百㌔㌍/㌔㌘だった。

▽本社＝東京都渋谷区恵比寿一―二一―三、03・3443・5551▽代表取締役社長＝岡田民雄▽資本金＝六億五千三百万円▽創業＝一八八五年▽年間売上高＝八十四億円▽従業員数＝二百十名

設備ジャーナル　2000年(平成12年)1月1日　(2)

この道一筋

アルミと鉄分離

るつぼ式低温溶解炉開発

日本坩堝株式会社
代表取締役社長
岡田　民雄氏

――ダライッコメルター、メルキーパーに続き第三弾として今回はアルミ、鉄分離炉を製造販売されるそうですね。

岡田　お蔭様でダライッコメルターは客先で順調に使用されており、ダライ粉の場内リサイクルで大きな利益を客先にもたらしている。メルキーパーも低温溶解・適温鋳造の特徴が実炉で証明され、受注状況も順調だ。

今回世に出すアルミ、鉄分離炉は、メルキーパーの低温溶解をヒントとして開発した炉である。アルミを低温で溶解できれば鉄の溶解混入は発生しない。私は、これからのアルミ業界でアルミリサイクルのためにアルミと鉄をどうやって分離するかは大きな課題だと思っている。

今後大量に発生するアルミスクラップは、ほとんどが鉄や他の素材との複合体である。東工大教授で現在日本鋳造工学会会長をされておられる神尾彰彦先生からも、宿題をいただいている。

――仕組みと溶解方法は。

岡田　従来の溶解・分離方式は反射炉か回転炉であるが、生産性の点で溶解温度がどうしても高くなり鉄分の混入汚染が避けられず、回収インゴットの品質を低下させる。今回の我々の炉は、るつぼを使い低温で溶解・分離する。

――具体的には。

岡田　るつぼの中に特殊鋼板製のインナーケースを浸漬し、その中に溶解材料を連続投入していく。溶解材が連続的に溶湯内に落下していくので、その溶湯は常に低温を保たれる。

開発では主に十八インチのツーピースホイールと五百グラム／個のピストンの溶解・分離実験を繰り返した。その結果、ホイールの場合は平均して時間当たり四百キロ、ピストンの場合は時間当たり百五十キロを連続して溶解・分離できることが確認できた。

溶けたアルミはインナーケースの穴から流出され、るつぼの上部に開けた吐出口から樋を伝って保持炉へ連続的に流入していく。そしてホイール、ピストンに装着している鉄製部品はインナーケースの底に、溶けずに完全な形で残る。

――その時の回収溶湯品質は。

岡田　これら溶解・分離実験に使った材料は、いま言ったホイール材とピストン材であるが、我々の方式での溶解前と溶解後の分析結果は、AC4CHでの鉄分は〇・二五％が〇・三二％に、AC8Aでは〇・三九％が〇・四三％への増であり、再使用できる溶湯であることが確認できた。

――今後の予定は。

岡田　当社でもう少し溶解実験を重ねてデータを蓄積し、また、ユーザーの立場で使い易いように炉の形状、機能なども整えていく。販売に当たっては、まずパートナーとして特定客先一、二社と組んで実炉テストから入っていきたい。

▽本社＝東京都渋谷区恵比寿一―二一―三、03・3443・5551▽代表取締役社長＝岡田民雄▽資本金＝六億五千三百万円▽創業＝一八八五年▽年間売上高＝八十四億円▽従業員数＝二百名

「設備ジャーナル」2000年1月1日付

この道一筋

究極のるつぼ炉

予熱タワー付きで移動式

日本坩堝株式会社
代表取締役社長
岡田　民雄氏

——るつぼ炉の省エネや環境改善技術を常に追究されていますね。

岡田　当社は過去、東京ガスと共同で、セラミックファイバーを使った「SE炉」を開発し省エネに大きな貢献をした。もう三十年も昔のことで、それ以降るつぼ炉の改良はなされていない。

私は、るつぼ炉はトータル的にみて、まだ省エネの可能性があるだろうと考えている。「もっと使い勝手を良くできるはずだ。排熱温度をより低くすることにより、省エネだけでなく環境も改善できるだろう」と考え、試作と実験をしてみた。

——具体的には。

岡田　るつぼ式アルミ連続溶解兼保持炉「メルト・キーパー」は、急速溶解炉「ジェットメルター」のタワー部を超小型化してるつぼ炉とドッキングしたような炉だが、そのタワー部での予熱が大きな省エネ効果を発揮している。

そこからヒントを得て従来のるつぼ炉に予熱タワーを取り付け、アルミ三百㌔㌘を溶かして溶湯温度を七百二十度Cにする実験を行い、タワーがないものと比較をしてみた。その結果、タワー付きのるつぼ炉は燃費で一七%の節約と、溶解時間の一五%短縮というデータが得られた。

さらに押し湯やインゴットを一度に全量投入できる大きな効果がある。一般的に押し湯などは嵩が大きく全量は入らず、一定量が溶け落ちてから残り分を追いチャージする。この作業は熱いうえ溶湯中に投入するため、溶湯の飛散の危険性もある。ところがタワーを取り付けただけで、このような危険性もなくなる。

——今後の計画を。

岡田　鋳物用るつぼ炉はバッチ使用が多く、定置式と可傾式があるが、私は新たに「移動式」を考えている。

定置式は作業者が溶湯を柄杓で汲んで鋳型に注湯する。可傾式は取鍋または柄杓に溶湯を受け注湯する。取鍋に移し替える時に溶湯温度のドロップが大きく、鋳型までの移動時に温度ドロップがさらに大きくなる。

そこで、タワー付きと移動式を合体させた「予熱タワー付き移動式るつぼ炉」が今考えられる〝究極のるつぼ炉〟であると思っている。

バーナーを着脱式にして溶解と溶湯処理を終えたあとバーナーをはずし、るつぼ炉をクレーンなどで鋳型まで移動させ、柄杓で受けるか、可傾して鋳型に直接注湯できないかと考えている。加えて、坩台を軽量のリング状にし、るつぼの底にも火炎を回し熱効率を上げることなど、様々な工夫も検討中だ。

技術は必ず進歩する。だからあえて「今考えられる」と申し上げておきたい。タワー付き移動式のいくつかの案の設計はすでに終わっており、興味を持たれるお客様にご協力いただき、具体化していきたいと思う。

▽本社＝東京都渋谷区恵比寿一―二一―三、03・3443・5551▽代表取締役社長＝岡田民雄▽資本金＝六億五千三百万円▽創業＝一八八五年▽年間売上高＝八十四億円▽従業員数＝二百名

「設備ジャーナル」2001年1月1日付

参考資料

《随　想》

我が社の旧満州工場を探し求めて

岡田　民雄*

私の手もとに康徳拾壹年（昭和19年）10月末付の興亞坩堝㈱という会社の決算報告書が残っている。半世紀以上のときを経てセピア色になった和紙の報告書には，生産・販売の業績値と共に満鐵，満州三菱，満州住金他の錚々たる客先の名前も記されている。この会社こそ，我が社の先輩達が当時の五族共和の理想に共鳴して，昭和14年2月に資本金2百万円で旧奉天（現沈陽）に設立した会社である。

私は昭和35年に入社した頃より，興亞坩堝㈱のことは，先輩達から聞くのみで，それほど強い印象はなく，ただ記憶に残る位のものであった。しかし社長に就任以来，無性に過去のことが知りたくなり，戦前の記録類を集め，また軍需工場であったため，集中爆撃を受け焼失した大阪工場の終戦前のレイアウトの再現や，工場の主役職者の名簿作成を，先輩達にお願いしたりしていた。

今回の中国出張の折りに，何とか興亞坩堝㈱の跡を尋ねることができないかと思っていたが，当社に残る記録には，「..奉天市に設立」とあるだけでその住所が見つからなかった。そこで，同行することになっていた唐克威君が，都立図書館で，「旧満州國進出企業」という資料からその住所を「奉天市鐵西區景星街」と探し出してきた。唐君は四川省出身で，私がいつの日か中国と関係を持ちたいと願い採用し，当社貿易部で勤務している若い社員である。

5月2日に大連に向けて発った。大連で客先を訪ねたあと，4日午後に特急列車で大連から4時間かけて沈陽に入った。沈陽での仕事であった沈陽鋳造研究所を訪ねた。中国でもアルミ・マグネの研究が盛んになっている。訪問を終えて，タクシーで，「奉天市鐵西區景星街」を訪ねてみたがそれらしきものは全く見あたらなかった。日も暮れてきたので，「明日もう一度ここの図書館で調べ直してみよう」と決め，ホテルに帰った。

翌5日は土曜日で仕事のアポもなく，昨日と同じ運転手（楊さん）のタクシーで遼寧省立沈陽図書館に行き，旧満州國関連資料室に入った。そこには，ホコリにまみれた関連資料が非常に豊富に蒐集してあった。私たち二人は手分けして，それらの資料を目を皿にしてあさったが，なかなか欲しい情報が見つからず，1時間，2時間と経っていった。3時間位経った頃だろうか，「満州國建國10周年經濟年鑑」という資料の中に，企業一覧の項目があり，そこの奉天の部に遂に興亞坩堝㈱が見つかり，住所，電話番号，資本金，そして今は亡き我々の先輩達の名前が列記してあった。住所は「奉天市鐵西區奨工街1段310號」。何故か東京で調べた「景星街」ではなかった。飛び上がる思いでコピーを撮り，図書館を出た。はやる気持ちで，車を鐵西區に向けた。楊さんが「ここに間違いない」と車を止めた所を起点として，唐君と楊さんが道行くお年寄り達に尋ね回り，とうとう「自分は，戦前三菱で働いていた」という古老に巡り逢い，「奨工街は，今は興工街だよ，1段だから，その一番先だよ」と教えてくれた。走っていくと，そこには，「沈阳锅炉总厂」（沈陽鍋炉総工場）の看板が掛かった建物があり，その正門と事務所は，我が社の以前の本社の造りにそっくりであった。休日であったため，その会社のだれにも会えなかったが，門衛は，「正門と事務所は日本人が建てたと聞いている」と言った。

私はその前で，何とも言えない大きな感激にひたった。経営の根本理念を「会社の存続」と考えている私にとっては，大変なインパクトであった。しばらく離れがたい気持ちで，会社はどうしても存続させねばならないと心の中で誓った。

* 日本坩堝㈱代表取締役社長　T. Okada

図 1 張トヨタ自動車会長のご挨拶

図 2 高校生の鋳物体験教室

らい事前に練習をしておきましたが，本番になり檀上より会場を見渡した時，あまりにも多くの人が居り，またトップバッターでもあっただけにざわめきが静まっていませんでした．私はこの状況で，早口でしゃべってしまっては，聞き取り難いだろうと思い，とっさに，少しゆっくり，そして間を取り挨拶をさせていただきました．時間を計っていた社員がおり，「1 分 20 秒でした」と言われました．幸い，加藤会長，堀江会長，前田室長，張会長，鏡割りと中江先生の乾杯までの全時間で，27 分か 28 分だったと思っています．いずれにしても目標の 30 分以内に納まったことは良かったと思っています．

アトラクションとしてフラダンス

懇親会はお互いに話し合う場だと思います．そのために，太鼓など大きな音がするものは声が聞こえなくなり，また歌の場合は聞いていないと失礼になると考えると，バックミュージック的なものが良いだろうとフラダンスになりました．後で DVD を見ますと，フランスのご婦人方が大変熱心に見ておられる様子でした．

5 月 21 日

懇親ゴルフに小林浩美プロ参加

私が以前総支配人をしており，現常任理事をしている，

図 4 中国鋳造学会，韓国鋳造工学会の代表者とともに大会会場にて

図 4 日本鋳造工学会会長，日本鋳造協会会長と懇親ゴルフ会場にて

久能カントリー倶楽部が休日にもかかわらずオープンしていただき，42 人の参加でしたが，貸切りにしてもらいました．小林プロはこの久能の特別アドバイザーをしている関係で，私は同伴プレーをお願いし易い立場にありました．3 人を一組にし，全組が一ホールずつ小林プロと一緒に廻れるように企画しました．その間おしゃべりをしたり，ワンポイントレッスンを受けたり楽しんでいただけました．私はプレーをせずカメラマンに徹し，参加者全員の集合写真，組の 4 人と小林プロとのツーショット，それにグリーン上の写真を皆様にお渡ししました．「写真を額に入れた」「もらったサインを神棚に上げた」などと喜んでいただけ，私も非常にうれしい思いをしています．

まだまだ記したいこと，反省点，また後始末等多くのことがありますが，多くの皆様のご協力をいただき無事大会が終了できたこと，実行委員長として，大変有難く，安堵の気持ちで一杯です．ありがとうございました．

トピックス

第150回大会が終わって

第150回大会実行委員長　岡田民雄*

Tamio Okada*

私は昭和7年より始まり戦時中も中断することもなかったこの大会の第150回という記念すべき時に，実行委員長をさせていただけたこと，大変光栄なことと感謝致しております．

2006年4月21日に関東支部長に選任された時には，この大会が150回になることは気が付いていませんでした．支部の会議等重ねていく内に，支部長は大会の実行委員長をすること，しかも我々が担当するその大会は150回という大きな節目になることもよく理解でき，私自身も何か特徴のある企画ができないものかと考えました．

今思い出してみると，それぞれの企画，アイデアは，会議中での提案もありましたが，ほとんどは，会議の終了後の懇親会のワイワイ，ガヤガヤの席で出たような気がします．一番最初に出た案は日本鋳造協会と一緒にやったらどうか，でした．私は早速，加藤会長，角田専務理事をお訪ねし賛同を得，理事会で承認をいただいた上返事するとのことでした．更に，鋳造関係団体に協賛をお願いしてはどうかの案も出，私は本部理事会にて了解をいただいた後，各団体をお訪ねし，金銭的な負担は何もおかけしない，会員と同じ費用で参加できるので，会員の方々に積極的に参加するように働きかけていただきたいとお願いをいたしました．

その結果，素形材センター，日本ダイカスト協会，日本非鉄金属鋳物協会，日本工業炉協会，日本鋳造機械工業会，日本ダイカストマシン工業会，日本ダイカスト工業協同組合，耐火物協会，耐火物技術協会，日本鋳鍛鋼会の10の団体より協賛していただくことになりました．

次に行事の日を追って，特徴的なことを書かせていただきます．

5月18日，技術講習会は，「将来の自動車に求められる鋳造技術」がテーマでした．その最後に特別講演として，JFEホールディングスの數土文夫社長に，「技術と経営」と題して講演していただくことを受けていただいておりましたが最終的にはご都合が悪くなり，JFEグループである日本鋳造株式会社の菅昌徹朗社長に代理でご講演していただきました．

同日，子供鋳物教室（秋津小，5年生）は通例でしたが，鋳物体験教室は埼玉鋳物技能士会の指導のもと，千葉黎明高校生により実際に鋳物を鋳込み体験されたことは初めての企画でした．

5月19日

展示会

一般のカタログ展示とは別に1月に「日本ものづくり展」が上野の国立科学博物館で開催されました．そこに出展された鋳造関係の製品を特別展示し，経産省・前田素形材室長にも自分の講演前に見ていただきました．

懇親会

日本鋳造協会と共同開催ということで，加藤喜久雄会長，堀江 皓会長の2人の挨拶を堀江会長が代表して挨拶，また経産省の前田宏泰室長に挨拶いただきましたが，文部科学省の管轄である当学会では，初めてのことでありました．

また，ゲストスピーカとして，どなたに来ていただくかが話題になった時，私は強く，張 富士夫様を推薦致しました．受けていただけるかどうかはわかりませんでしたが，張会長は，久能カントリー倶楽部の理事でありますので，お願いすることは直接できると思っていました．張様はトヨタ自動車の会長であり，また自動車工業会の会長でもあるからです．鋳物は自動車工業と非常に関係が深いことは誰でもが知っていることでもあり，私はこの記念すべき大会でお話をしていただくのに最も相応しい方だと思っていました．結果は鋳物に関係深い内容でお話しされ，大変好評で，参加者にはご満足いただけたことと思っております．後日，懇親会に参加されなかった方から，張会長の講演内容を聞かれたこともあり，文章化をし，この「鋳造工学」誌に掲載できればと準備しております．

中国，フランスの参加

韓国は毎回，学会として参加されていますが，今回，初めて中国鋳造学会より郭副会長（5月20日「中国の鋳造産業の歴史と現状」との題で特別講演）他2名が初めて参加されました．また，鋳造協会の関係でフランスのミッションが約40名様程参加されたことも初めてのことであります．

挨拶の時間

懇親会は，参加者の交流の場，長い挨拶は禁物ということで，関係者で，どう全体を短くするか，盛んに議論を致しました．私も一分以内スピーチを心掛け社員に聞いても

平成19年7月17日　原稿受理

* 日本ルツボ(株)

しかしもちろん，基礎学問は重要です．70歳を過ぎた今でも講演会やセミナーには積極的に参加して，若い人に混じって最前列で聞いていますよ．勉強はすればするほど分からない部分が見えてくるものです．そうなると高齢になってもさらに知識欲が湧いてきます．そうしていろいろなことがわかってくると，「今までなにをやっていたんだろう」と責める自分が出てきます．少し気障な言い方ですが，私の中に言い訳をしようとする「守る岡田」と，言い訳を許さない「責める岡田」がいて，いつも葛藤しているんです．

Q これまでお仕事をしてきた中で，思い出に残っている出来事はありますか．

A 私が営業マンとして働いていた頃，担当していた川崎製鉄の若いエンジニアに，ある提案をしたことがあります．その人は当時，係長という立場でしたが，私のアイディアを大変気に入ってくれ，部署だけでなく研究所全体を説得して，両社で大きなプロジェクトを行うことになりました．これが成功すればとても大きな仕事です．たくさんの人とお金を注ぎ込んで1年ほど研究を続けました．しかしどうしても技術的にうまくいかず，その開発は断念せざるを得ない結果となってしまいました．大成功どころか，大損害を与えてしまったことに，謝りに行く私の足取りは大変重いものでした．ところが，彼は一言も怒らなかったのです．そして「我々が気付かなかったことを提案してくれて大変啓蒙された．結果的に採用にならなかったかもしれないが，いろいろなことが解明できたことに意味がある．テストに失敗はないよ」と穏やかにおっしゃいました．私は心を打たれ，涙してお詫びし，感謝しました．このときの若いエンジニアこそが，後のJFEホールディングスの數土文夫社長，現NHK経営委員会の委員長です．そしてこの時の「テストに失敗はない」という言葉は，製品開発だけでなく，人生そのものを表す言葉として，それ以来，私の座右の銘となりました．

Q これまでさまざまな製品を開発されてきていますが，物づくりに必要な姿勢とはどういうものでしょうか．

A 人の役に立つものを作る，人に認めてもらうものを作る，ということです．企業はすぐに「儲かるか，儲からないか」からはじめてしまう．でも儲からないものというのは，よく考えると役に立っていないんですね．人の役に立たないものは売れないんです．私は常に自分の考えやアイディアでいかに鋳造業界に貢献するかを考えています．そのために私は「挑戦する気持ち」を持ち続けたいと思っています．社員からはよく私の話は"データレス"だと言われています．データがあるということはすでに誰かがやられたことで，決して新しいことではありません．新製品の開発には"カン"が非常に大切だと思います．カンというと一般には非科学的に思われがちですが，私はその道を極めた人に与えられる「勲章」だと思います．私の高校の2年先輩の長嶋茂雄さんも，野球の世界では「カンピューター」が働いてもサッカーの世界ではカンは働かないでしょう．

私はこれからも新製品の開発，新市場の開拓，新事業の構築に取り組んでいきます．若い人たちにも「テストに失敗はない」の精神で，新技術・新製品の開発に挑戦してほしいですね．

岡田さんに5つの質問！

1. **趣味は？**
   ゴルフ，寄席，展示会

2. **ご自身の性格を一言で言うと？**
   アクセルとブレーキを持ち合わせている

3. **日課にしていることは？**
   中学3年生の昭和27年からずっと日記をつけている

4. **座右の書は？**
   『人を動かす』 デール・カーネギー著

5. **1カ月休暇があったら？**
   仕事で付き合っていたドイツ，イギリス，アメリカ，メキシコの友人を訪ね，ゴルフをしたり旧交を温めたりしたい．

インタビュー

鋳物人
i mo jin

このコーナーは，鋳造界で活躍する人々に登場してもらい，生い立ちや鋳物とのかかわりなどをお話しいただきます．第３回目の今回は，日本ルツボ株式会社会長の岡田民雄さんに，ものづくりや製品開発への思いなどをうかがいました．

インタビュア：西　直美（日本ダイカスト協会），事務局

- 氏　名：岡田民雄さん（74歳）
  日本ルツボ（株）代表取締役会長
- 出身地：千葉県
- 略　歴：1960年，慶應義塾大学文学部卒業．日本坩堝（株）入社　1988年（株）久能カントリー倶楽部総支配人，1994年日本坩堝（株）監査役，1996年同取締役社長，1997年取締役会長

Q 今年，「縦型溝付きるつぼ」の開発で豊田賞を受賞されましたが，物づくりに興味を持ったきっかけはなんですか．

A 私は文学部出身で，鋳物の勉強をしたわけではありませんが，物づくりということでは，中学生時代にお世話になった理科の先生，今井義武先生の影響が大きいです．とにかく怖い先生で，いたずらっ子だった私は「民！なにやってるんだ！」と何度殴られたかわかりません．でも大変に情熱的な先生で，生徒からとても慕われていました．私が教わったのは中学校１年生の間だけですが，東大の五月祭や博覧会に連れて行ってくれ，理科や物づくりの楽しさを教えてくれたのは今井先生です．先生の影響で高校では化学クラブに所属し，将来はメーカに就職したいという思いを強くしていきました．

大学を卒業して日本坩堝に就職したときには，先生に「メーカに入るなら技術の勉強をすることだ．開発をやりなさい」と言われました．そして，50年もたった今でも売れている「G－パックス」を入社2年目に自分のアイディアで開発したことを先生に報告すると，大変喜んでくれました．褒めるのではなく，我がことのように喜んでくれるのです．ですからこちらも大変うれしい気持ちになり，また新しい製品を開発して先生に喜んでいただきたい，と思うのです．

Q 会社で製品開発を進める上で，専門家でないことが理由で苦労したことなどはありますか．

A 技術的なことに興味を持って，技術部門や工場部門と一緒になって製品の開発にも取り組んできましたが，私は基礎勉強をしていません．ですから，新製品の開発をしようとすれば，必ず基礎学問の壁にぶつかります．この点に関しては私が後悔していることではありますが，同時に，強みでもあると思っていることです．なぜなら，専門の人ではまず考えないことを，専門外であるために着目し，考え，そこから新しい発想が生まれることがあるからです．そのような発想から開発したものの一つに「メルキーパー」（黒鉛坩堝を使ったアルミ連続溶解炉）があります．私が社長をしていたときに開発したもので，私が考えたものを技術者が作りました．これは大変画期的な製品だということで，本学会から「豊田賞」をいただき，さらに産業界では最高の賞とされる「経済産業大臣賞」を受賞することができました．

Remarks delivered by Mr. Tamio Okada, Chairmant of Nippon Crucible Co., Ltd., on the occasion of RUMICO's 40th anniversary celebration (held on June 17, 2015 in Dusseldorf, Germany).

Mr. John Maxwell, I was very sad, I was very surprised.
But now, today, I am very glad and happy to cooperate with you again, Mr. Christian Dove, Mercy beaucoup, for your excellent job, Mr. Tomas Dunnes, old friend.

Firstly, I would like to say I am very glad and pleased to celebrate RUMICO's 40 year anniversary here with all of you as I was the person in charge at the time of RUMICO establishment.

Today, I specially prepared the presentation of the late Dr. Granitzki's speech and their written paper at the time of RUMICO's 30th anniversary held on September 19, 2005 in Neuwied, Germany to overview the history of RUMICO together. As you may know, he played very important role and contributed to the establishment of RUMICO.

Yesterday, I visited to his grave with Mrs. Granitzki and prayed and thanked for his great contribution for RUMICO establishment and following business development.

I have also brought the copy of my speech and photos at the 30th anniversary of RUMICO.
So, I will be very happy if you could hear, see and read those speech, photos and papers.

I would like to ask all of you that Calderys and Nippon Crucible should take care RUMICO now and future together as our bonds of friendship symbol.

And I hope that we can see and celebrate 50th or half century RUMICO's anniversary together.

Thank you.

Tamio Okada
Chairman and Director
Nippon Crucible Co., Ltd.

On the occasion of the 50th Anniversary of CINASA
***(Compañia Nacional de Abrasivos, S.A. de C.V.)* at Toluca, Mexico on June 8, 2012**
Speeches delivered by Mr. T. Okada (Chairman, Nippon Crucible Co., Ltd.)
QUIERRIDOS TODOS USTEDES (ケリードス　トドス　ウステデス)

On behalf of Nippon Crucible Co., Ltd., I offer our warmest and heartiest congratulations to CINASA on this occasion of your 50th Anniversario. (シンクエンタ　アニベルサリオ)

Presidente Hurtado, distinguished visitors, ladies and gentlemen, I thank you for the kind invitation to these 50th Anniversary ceremonies and I am honored in my position as Chairman of Nippon Crucible Co. Ltd. to represent our company here today.

We first started our business activities with CINASA 35 (Thirty five) years ago in 1977 by licensing them our technical know-how for the production and sales of monolithic refractories for blast furnace troughs and tapholes.

During these past 35 (Thirty five) years, we have grown together and we have developed a close working relationship with CINASA for our licensed products in the Mexican market.

I remember that I was invited to CINASA's anniversary in 1977 and made congratulation speech. Then, I received the invitation letter for attending CINASA's 45th Anniversary. However, I could not join the Anniversary so that I sent the congratulation letter to Presidente Hurtado.

My speech at the CINASA's 35th Anniversary, I said that "For CINASA's centennial (100th) anniversary, I will be 125 years old so I think it will be difficult for me to attend. But, I am looking forward to coming here for CINASA's golden 50th anniversary when I will be a young 75 years old!"

Today, I am really happy that I am here and I did it what I said.
I remember 35 years ago in April of 1977 when Mr. Hurtado and Mr. Perez came to Japan for technical training at our Mifune Plant (Today called Toyota Plant) and also visited my home near Tokyo during which time we started our long friendship both business-wise and personally.

At that time, Hurtado and I were very young. Mr. Perez looked just young boy.

When I was young, some German Dr. (PhD.) taught me *"...no hair is proof of cleverness because every monkey has much hair!"* So, I am now very happy that both Presidente Hurtado and I are becoming more clever! But now I realized that I am more clever than Presidente Hurtado because he has much more hair than me.

Although Mr. Hurtado, his lovely classic car is still exhibited here and I are the same age — 75 years old in this year, we are very glad to remain young in spirit. Both companies CINASA and N.C.C. will continue to grow like the tree that we planted at the 35th Anniversary as a symbol of our continuous relations.

I also would like to mention that CINASA is one of our important shareholder of Nippon Crucible which is very thankful. I offered Presidnete Hurtado to buy more shares in Tokyo. Then he said he would buy all of them. So, Nippon Crucible Co., Ltd. Would be the Presidente Hurtado's company in the future!

Yesterday I came from Tokyo, Japan, "The distance in miles between Tokyo and Toluca is very far, very long way. But distance in mind and heart between CINASA and Nippon Crucible – is very close – very near." I like this expression very much. So, I repeat that ....

Again — please accept my deepest and happiest congratulations on your 50th Anniversary.
And I sincerely hope that CINASA will also be celebrated at 75th and 100th centennial Anniversaries.
FELIZ ANIVERSARIO (フェリス　アニベルサリオ)
Page | 1

TIEANJIN CHINA AND ALLIED MINERAL SOUTH AFRICA.

MY NAME IS TOMMY OKADA, CHAIRMAN OF NIPPON CRUCIBLE. I WAS VERY PLEASED TO RECEIVE THE INVITATION CARD FROM ALLIED MINERAL AND I AM VERY HAPPY TO BE HERE FOR THIS IMPORTANT DAY IN THE HISTORY OF ALLIED MINERAL.

I RECALL THE TIME OF ALLIED MINERAL 40TH ANNIVERSARY. I WAS INVITED TO ATTEND THE ANNIVERSARY.

WHEN I WAS FLYING TO MENNEAPOLIS ON THE WAY TO COLUMBUS, OHIO HERE WITH OUR FORMER AMERICAN EMPLOYEE OF GEORGE HITE, MY FLIGHT SUDDENLY LANDED ON VANCOUVER, CANADA WITHOUT ANY ANNOUNCEMENT. I COULDN'T GET ANY REASON WHY THIS HAPPENED. THEN, AT THE AIRPORT, I WAS SURPRISED TO HEAR THE NEWS OF 9.11 ATTACK WHICH HAPPENED JUST FEW HOURS AGO.

GEORGE HITE TRIED TO PHONE TO ALLIED MINERAL . BUT ALL THE TELEPHONES DID NOT WORK COMPLETELY.

THEN WE WERE MOVED TO SEATLE BY BUS. IT TOOK ABOUT 10 HOURS DUE TO SEVERE IMMIGRATION CHECK IN TO U.S.A.

ALSO THE BUS DROVE SLOWLY AND SLOWLY. AT THE HOTEL IN SEATLE, I HAD BIG SHOCK BY WATCHING THE ATTACK SCENE ON TV. IT WAS REALLY TERRIBLE.

SO, UNFORTUNATELY I COULD NOT ATTEND 40TH ANNIVERSARY. HOWEVER, I HEARD LATER THE ANNIVERSARY EVENT WAS

参考資料

"Allied Mineral Products, Inc.'s 50th Anniversary Speech" given by Mr. Tamio Okada, Chairman-Nippon Crucible Co., Ltd. on September 23, 2011 (Columbus, Ohio)

MY ENGLISH IS POOR. BUT, I BEG YOUR PARDON TO SPEAK IN ENGLISH BY MYSELF.

MR. JON K. TABOR, CHAIRMAN AND CHIEF EXECUTIVE OFFICER, MR. JOHN TABOR, JR. PRESIDENT & CHIEF OPERATING OFFICER & MR. DOUGLAS K. DOZA, MR. TOM E. GIBSON, OTHER DIRECTORS, EMPLOYEES AND THEIR FAMILIES OF ALLIED MINERALS AND DISTINGUISHED GUESTS, LADIES AND GENTLEMEN.

ON BEHALF OF NIPPON CRUCIBLE CO., LTD., I WOULD LIKE TO EXTEND SINCERE CONGRATULATIONS FOR ALLIED MINERAL PRODUCTS, INCORPORATED'S 50TH ANNIVERSARY.

I UNDERSTAND THIS DAY IS ALSO TO HONOR MR. ROBERT SCOTT AND MR. WINEMILLER, THE CO-FOUNDERS OF ALLIED MINERAL. I ADMIRE MR. SCOTT AND MR. WINEMILLER FOR THEIR VISION AND THEIR VERY IMPORTANT FIRST STEP IN FOUNDING ALLIED MINERAL HALF CENTURY AGO. MR. SCOTT AND ALSO FORMER PRESIDENT OF MR. JOHN TURNER, JR MUST BE VERY PROUD TODAY TO SEE THAT ALLIED MINERAL HAS GROWN TO BECOME A GLOBAL LEADER IN THE INDUCTION FURNACE REFRACTORY FIELD THROUGH ITS EXCELLENT TECHNOLOGY, WORLDWIDE DISTRIBUTOR NETWORK AND OVERSEAS OPERATIONS: ALLIED MINERAL EUROPE, ALLIED MINERAL

CANCELLED.

TODAY AGAIN, I CAME FROM TOKYO, JAPAN. I AM LUCKY, THIS TIME NO ATTACK. THE DISTANCE IN MILES BETWEEN TOKYO AND COLUMBUS IS VERY FAR, VERY LONG WAY.

BUT, DISTANCE IN MIND, HEART, BETWEEN ALLIED MINERAL AND NIPPON CRUCIBLE – IS VERY CLOSE- VERY NEAR.

AND, OUR TWO COMPANIES HAVE A HEARTFELT AND TECHNICAL RELATIONSHIP.

WE ARE JUST NEIGHBORS LIKE RELATIVES LIVING VERY NEARBY TO EACH OTHER.

WE, NIPPON CRUCIBLE, HAVE BEEN ASSOCIATED WITH THE ALLIED MINERAL ORGANIZATION FOR ALMOST 27 YEARS WHEN WE RECEIVED ALLIED MINERAL'S TECHNICAL LICENSE ON NOVEMBER 14, 1984 FOR THE PRODUCTION AND SALE OF DRY MATERIAL FOR INDUCTION FURNACE IN THE JAPANESE MARKET.

WE TAKE PRIDE IN HAVING BEEN ASSOCIATED WITH THE FINE ALLIED MINERAL ORGANIZATION FOR THESE PAST 27 YEARS.

I KNOW THAT THIS RELATIONSHIP WILL CONTINUE FOREVER.

I CAN PROMISE ALL OF YOU I CAN COME HERE AGAIN TO GIVE A CONGRATULATIONS SPEECH FOR 1-CENTURY -- 100 YEARS ANNIVERSARY OF ALLIED MINERAL – IF CHAIRMAN MR. JON TABOR SENDS TO ME THE INVITATION LETTER BY YOURSELF!!

CONGRATULATIONS!!

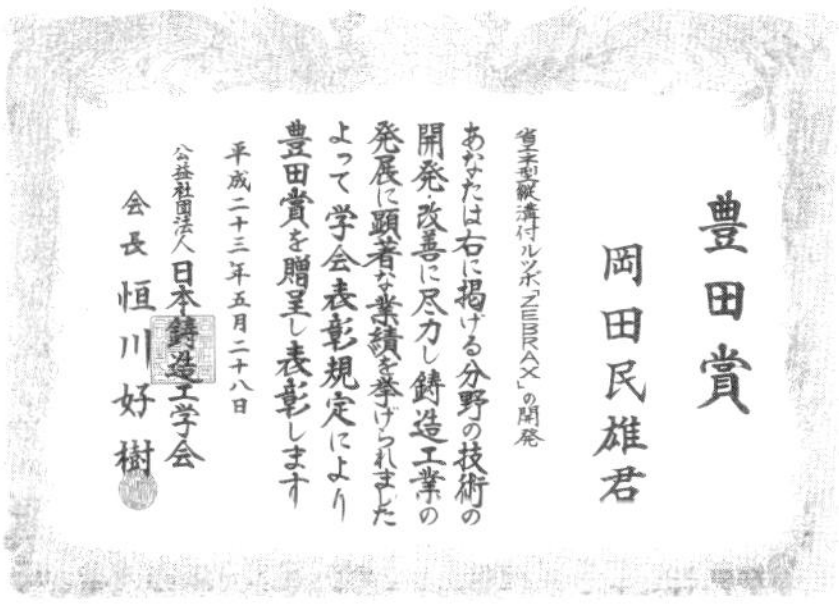
豊田賞

岡田民雄君

省エネ型縦溝付ルツボ「ZEBRAX」の開発

あなたは右に掲げる分野の技術の開発・改善に尽力し鋳造工業の発展に顕著な業績を挙げられましたよって学会表彰規定により豊田賞を贈呈し表彰します

平成二十三年五月二十八日

公益社団法人 日本鋳造工学会

会長 恒川好樹

平成23年「豊田賞」

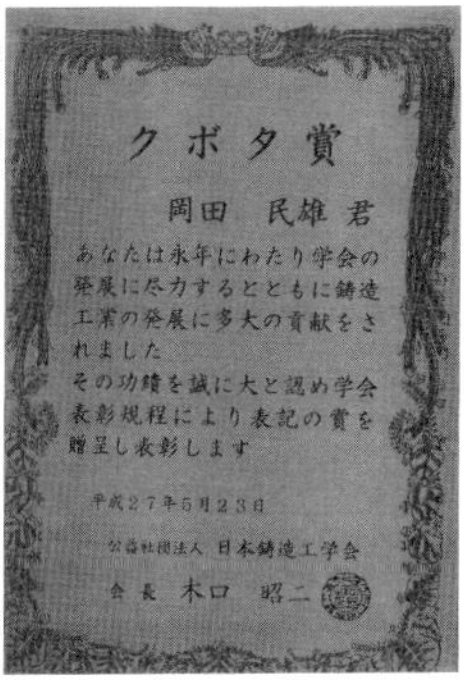
クボタ賞

岡田 民雄 君

あなたは永年にわたり学会の発展に尽力するとともに鋳造工業の発展に多大の貢献をされました

その功績を誠に大と認め学会表彰規程により表記の賞を贈呈し表彰します

平成27年5月23日

公益社団法人 日本鋳造工学会

会長 木口 昭二

平成27年「クボタ賞」

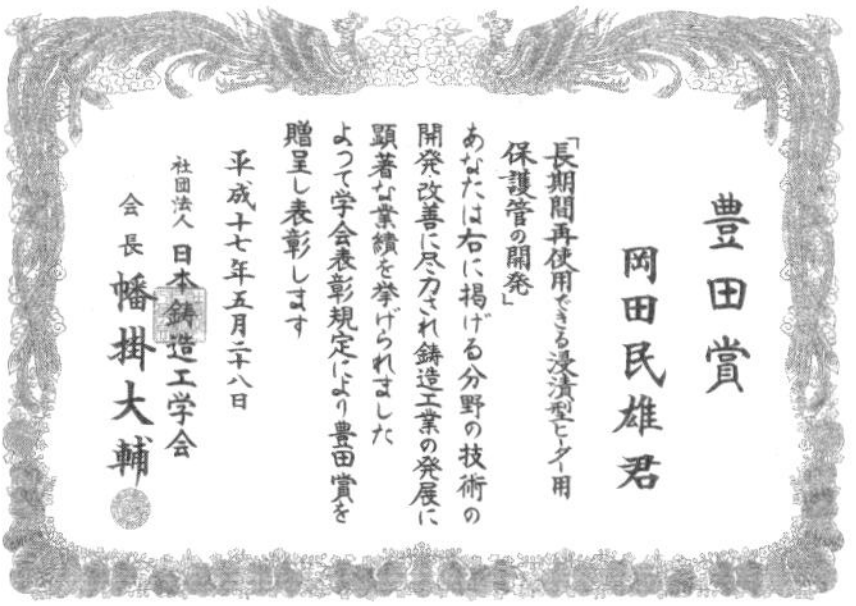
豊田賞

岡田民雄君

「長期間再使用できる浸漬型ヒーター用保護管の開発」

あなたは右に掲げる分野の技術の開発改善に尽力され鋳造工業の発展に顕著な業績を挙げられましたよって学会表彰規定により豊田賞を贈呈し表彰します

平成十七年五月二十八日

社団法人 日本鋳造工学会

会長 幡掛大輔

平成17年「豊田賞」

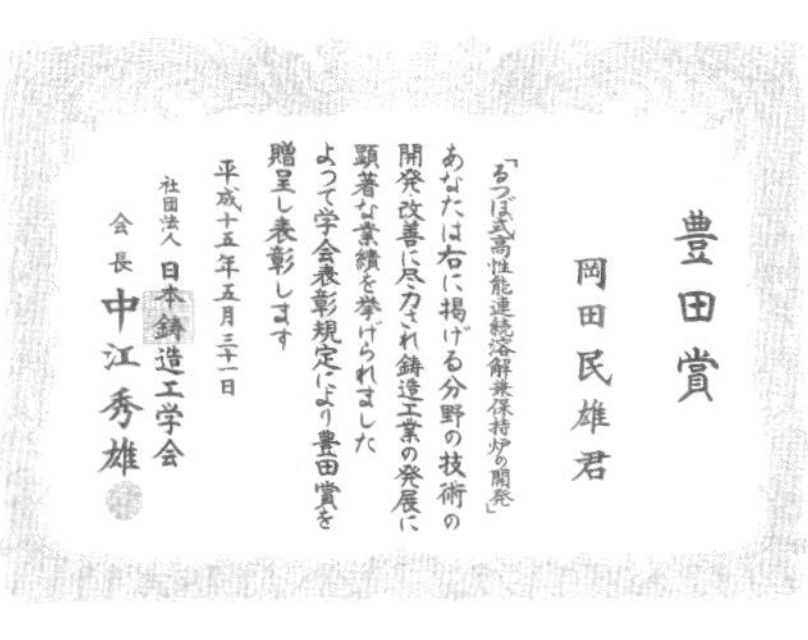
豊田賞

岡田民雄君

「るつぼ式高性能連続溶解兼保持炉の開発」

あなたは右に掲げる分野の技術の開発改善に尽力され鋳造工業の発展に顕著な業績を挙げられましたよって学会表彰規定により豊田賞を贈呈し表彰します

平成十五年五月三十一日

社団法人 日本鋳造工学会

会長 中江秀雄

平成15年「豊田賞」

KEIZAI DOYUKAI

写

2001年7月3日

メンバー各位

経済同友会 産業懇談会
第3火曜グループ
世話人　茂 木 克 己
世話人　平 野 敦 雄
世話人　鈴 木 謙 一

「第3火曜グループ」7月例会のご案内

7月例会を下記により開催致します。

今回は、当グループメンバーの岡田民雄日本坩堝株式会社取締役社長より「新製品開発の夢一技術者でなくても可能？」と題して話題提供をいただきます。

当日は、岡田社長ご自身の経験から“新製品の開発は技術者でなくても可能”とのお考えに基づく新製品を創り出すための企業風土のあり方、アイデアの発想法とそれを拒む要因など、新製品開発を取巻く様々な観点から大変有意義なご見解をいただきます。多数ご来会下さいますようご案内いたします。

記

1．日　時：7月17日（火）正午～1時45分

2．場　所：八重洲富士屋ホテル　3階　赤松の間
　　中央区八重洲2－9－1　TEL 03－3273－2111

3．テーマ：「新製品開発の夢一技術者でなくても可能？」

4．話題提供：日本坩堝株式会社
　　取締役社長　岡 田 民 雄 氏

追って：①お手数ですが、ご出席の可否を同封返信用紙にご記入の上、ファクシミリにてご返送をお願いいたします。
②本件連絡先：経済同友会事務局　矢野（電　話：03－3284－0545）
　高橋（電　話：03－3211－1293）
　（ファクシミリ：03－3213－2946）

経済同友会「月例会」のご案内

経済同友会話題提供資料

新製品開発の夢

技術者でなくても可能？

日本坩堝株式会社

岡田民雄

２００１　７　１７

１）企業のあり方　競争⇨協調⇨発想、創造、アイデア⇨新製品（特許）、新規事業
経営資源⇨ヒト・モノ・カネ＋情報、時間＋知恵⇦（知識の応用）
社会的役割⇨時代・環境に適合した製品の事業化による適性利益⇨
社員の生活保証（安心）⇨顧客に満足⇨社会（株主、代理店、仕入れ先、金融機関等）に貢献⇨再投資（存続、発展）⇦経営理念

２）当社の社是　人に笑顔　仕事に挑戦　社員に安心　社会に貢献
顧客に満足　会社に利益

当社の経営理念　我が社は創造性豊かな　活力に満ちた役職員により　伝統を守りつついかなる時代　いかなる環境にも　適合する会社を目指します。

３）アイデアはどのようにして生まれるか

ブレイン・ストーミング法、ＫＪ法、ＮＭ法・など手法は無数にあるが基本的には

ａ）データを経験、勉強により頭の中に詰め込む
ｂ）発想しやすい環境をつくる
ｃ）強い動機付け　不況、売れない、儲からない、会社の存続
⇨何とかしたい、使命感、野心、自己実現

私はこのような事が必要だと思う。

４）アイデア発想を拒むもの

ａ）官僚的組織⇨前例がないからやらない、減点主義
ｂ）思い込み⇨自分は技術者ではないから
ｃ）そこそこの満足⇨もうこれでいいんだ、発展なし

５）私の好きなキーワード

・常に問題意識を持ち続けよ
・独創性が企業の原点
・企業力に合った開発をせよ
・常に現場をみよ
・先ず実践、机の上では判断するな
・めげない執念を持ち続けろ
・相手に必要な存在となれ
・開発者の適性を見抜け
・ナンバーワン戦略で世界を目指せ
・利益がでない事業はやらない

以上

新年のご挨拶

明けましておめでとうございます。

昨年は当業界に、原材料価格の高騰という激震が起きました。過去１０年間に耐火物の価格は約３０％下落しました。顧客より値下げ要求があるとやむなくそれを受け、我々はその都度原料供給側に同じく値引きをお願いして協力を頂いておりました。しかし、昨年の４月以降も中国産の高純度電融マグネシア、炭化珪素、アルミナ類、天然黒鉛や、ジルコンサンド、アルミナセメント等が大幅な値上がりになりました。耐火物各メーカーとも値戻しという表現を使いながら、価格を上げる努力をしたようではありますが、期待した程の価格水準にはまだなっていないと思います。

耐火物需要の７５％を占める鉄鋼業は生産量も増し、利益では空前の記録を出したお陰で耐火物の需要も増加し、確かに会社によっては量産効果が上がり、また経営統合や新事業展開など経営努力により業績を向上させたところもあると思います。しかし、この好景気にもかかわらず本業では耐火物業界各社は適切な利益を得ていないのではないかと危惧しています。

私は、昨年１１月にアメリカ・オーランド市で開催されたＵＮＩＴＥＣＲに参加しました。そこで二つの大きなショックを受けました。一つは、日本から来られた大学の先生から「耐火物の講座には学生が来ないのです。」と言われたことです。過去にまじめに耐火物を学んだ学生達が、耐火物業界に就職できなかったことが大きな原因だと思います。業界の就労人数もこの１５年間で１万人から６千人位に減ってしまったわけですから、学生達も就職しにくかったことでしょう。しかしこのような暗い状況は、私は変えなければならないと思っています。

耐火物協会理事会で昨年１１月に、耐火物研究テーマを取りあげる大学、工業高等専門学校、研究所に助成金を出すということを決議して頂きました。これが少しでもプラスになり、学生が耐火物の勉強をして、当業界に就職し、技術開発に携わり、業界が世界のトップレベルの技術・製品を維持できるように期待したいと思います。

二つ目のショックは、ＵＮＩＴＥＣＲのカタログ展示場でのことです。中国の出展者から「日本には原料を売りたくない。価格が安過ぎ、スペック、条件が厳し過ぎる。」と言われたことです。当然中国特有の商売上の駆け引きもあるのだとは思いますが、面と向かって言われたことはやはり私にショックを与えました。これも売値を上げられない状態にいる我々の購買姿勢がそのような印象を彼らに与えているのでしょう。特に不定形耐火物は原料費比率が高いだけに利益を出すのには原料費を下げるより方法はありません。

耐火物業界のみでなく、過去１３年間日本のすべての製造業はあまりにも利益を内に求めすぎたと思います。よく、「乾いたぞうきんを絞る」と表現されますが、耐火物業界ではこれ以上絞れば破れてしまうことでしょう。私はこれからは少しでよいから利益を外に求め、会員会社各社が適正利潤を得て、安定的に新入社員を採り、将来のための技術開発を行い、安全衛生にも充分に配慮したような会社に脱皮することを願っています。そして、昨年１１月に姫路市で開催された全国安全労働委員会の折りに申し上げた、暗いイメージではない、私が考える「３Ｋ職場」（１．きれいな　２．快適な　３．活気のある）を実現したいと願っております。

本年の会員各社のご発展と皆様のご多幸をお祈り申し上げます。

２００６年元旦

耐火物協会会長　　岡田　民雄

耐火物協会「新年のご挨拶」

参考資料

耐火物協会７０周年乾杯　　　　　　　　　　　2018 年 1 月 29 日　学士会館

只今ご紹介を賜りました協会のＯＢで、日本ルツボの岡田でございます。耐火物協会の７０周年誠におめでとうございます。私は平成１５年１０月から平成１８年５月まで会長を２期連続で務めさせていただきました。

江口専務理事によりますと私が出席歴代会長の中で最年長と言うことで乾杯の音頭をとるということになりました。

乾杯の前に一言ご挨拶させて戴きたいと思います。

私の在任期間中で思い出すことが４つほどあります。

１つ目は大変不況だったという事であり、また中国の台頭に脅威を感じていたことであります。

日本の耐火物業界の全従業員は昭和５８年の１３，８００人から平成１５年には
６，０００人へと激減しました。耐火物を専門に教える大学が日本では一校もなくなってしまいました。それに対して中国では耐火物を専門に勉強して卒業する大学生の数は、当時年間８００人居るとのことで脅威を感じていましたが
　耐火物協会が７０周年を迎え、今日の耐火物業界のご繁栄、ご隆盛をみると全く不要の心配だったと思います。

２番目は
　荒木事件があったことであります。

　耐火物協会にとっても大変大きな事件でした。

荒木事件につきましては当時、専務理事だった篠原さんが本当に熱心に当たってくれたのですが荒木本人の手元にはなにも残っておらずほとんど回収できませんでした。

３番目は
維持会員の制度を作ったことであります。

スタート時に１６社の企業に維持会員になって戴きました。

今はもっと多くなっていることと思います。

４番目は
助成金制度です。

平成１７年１１月の理事会で決議されました。大学、高専、研究所の人に助成金を出すことにより耐火物の研究をして戴こうという狙いでした。


荒木事件もありましたが私の在任中に決まった維持会員制度と助成金制度が今も続いていることは大変有難いことだと思っています。

大分話が長くなってしまい恐縮ですがここで乾杯をしたいと思います。

耐火物業界の益々のご発展と皆様のご健勝をお祈りして声高らかにご唱和お願いいたします。　乾杯

耐火物協会「70周年乾杯」

佐倉高校の皆さんへ

2011.9.30
日本ルツボ株式会社
代表取締役会長
岡田民雄

国際舞台で活躍できる人になっていただきたい

1．語学（英語・中国語）をマスターしてほしい。
　a．コミュニケーションに最も大切なのは言語である。
　b．何（仕事・技術）ができるか、何（内容）を語れるか。
　　そのために今の勉強が最も大切である。
　c．偉い人・出世する人→活躍する人・貢献する人

2．人間関係（学）を学ぼう。
　a．点数で表示できない要素が人生を大きく左右している。
　　道徳心。
　b．挨拶・返事（あ・い・さ・つ・ハイ）。
　c．「人を動かす」デール･カーネギー著を手にしよう。
（笑顔、名前を覚える。ほめる。聞き手にまわる―　―）。

3．自分の成長のために「日記を付けよう」。
　a．続けるために一日一行でもよい、一週間に一日でもよい。
　b．今日あった過去のことだけでなく、これからやりたい明日・
　　将来のことも書こう。
　c．感情をぶつけるのにも利用できる。

以上

佐倉高校の学生向け講演資料

2005年(平成17年)2月4日　金曜日　日刊工業新聞

わが友 わが母校

佐倉第一高校

日本ルツボ社長
岡田《おかだ》 民雄《たみお》氏（67）

学校と交渉 化学祭開く

千葉県立佐倉第一高校（現県立佐倉高校）に入学したのは53年（昭28）。当時は千葉県印旛郡富里村（現富里市）に住んでいた。

通学は京成線成田駅までは自転車、そこから4駅先の佐倉駅で降りた。駅から学校までの道は、道とは言えない悪路。雨の日は最悪で、長靴が必需品だった。「制服に長靴姿の生徒は、みんな佐倉一高」と近所で評判になったほどだ。

昔から理科が好きで、高校では化学クラブに入部した。せっけんや消火器づくりなど活動内容はさまざま。高2の時にはクラブのリーダーとなり、約30人の部員を引っ張る立場になった。重要保管物である金属ナトリウムの倉庫の鍵を顧問の先生から預かり、優越感を覚えたものだった。

当時、高校では文化祭と体育祭が2大イベントだったが、学校と交渉し、高3の6月に「化学祭」を開催することができた。校長からも「よく頑張った」と褒められ、当時を思い出すと今でもうれしさがこみ上げる。

化学クラブの仲間の1人が、その後「ミスターLPG」と呼ばれることになる山本博雅君（東京ガスケミカル前社長）。彼とはクラスも3年間一緒で、現在も連絡を取り合うほどの仲だ。

また、東京都立梅ケ丘病院前院長の佐藤泰三君も、高2、高3と同じクラスで学んだ同級生。彼は現在でもテレビの子供電話相談で活躍しており、良い刺激になる。

2学年上には、長嶋茂雄読売巨人軍終身名誉監督がいた。7歳上の私の兄が佐倉一高のOBとして野球部のコーチをしており、長嶋さんと親しかった。60年（昭35）2月にはその兄が音頭を取って、成田山新勝寺の節分祭に年男として参加した長嶋さんを囲んでパーティーを開き、私も参加することができた。

高校卒業後は慶応大に進学したが、佐倉一高での3年間は少年から青年に成長する貴重な時期でもあり、思い出も語り尽くせないほどだ。

▲高3の体育祭での仮装行列。後列左端が本人、左から4番目（はちまき姿）が佐藤君

日刊工業新聞2005年2月4日付

企業は人なり

愛知学泉大学
2006.11.16
日本ルツボ株式会社
社長　岡田民雄

Ⅰ）私の会社経営に対する考え方

社長の基本姿勢
永遠に存続する会社にしたい。（日本ルツボは明治18年・1885年の創業）
社員が安心して働ける会社にしたい。
利益の出る会社にしたい。

当社の社是
人に笑顔　仕事に挑戦　社員に安心　社会に貢献　顧客に満足　会社に利益。

当社の経営理念
我が社は創造性豊かな、活力に満ちた役職員により、伝統を守りつついかなる
時代、いかなる環境にも適合する会社を目指します。

Ⅱ）製品戦略　新製品の必要性

新製品の開発　新市場の開拓　新事業の構築→企業の維持、存続から成長、発展

新製品開発の手法とそれを拒むもの
ブレーン・ストーミング法、ＫＪ法、ＮＭ法、西堀流（知識を知恵に）など
沢山あるが基本的には
ａ）強い動機付け　不況、売れない、儲からない、会社の存続→使命感　野心　自己実現
ｂ）開発しやすい環境を作る
ｃ）たゆまない研究心、好奇心
開発を拒むものの代表的なものとしては
ａ）官僚的組織→前例がないからやらない、減点主義
ｂ）そこそこの満足→もうこれで良いのだ　発展性なし
ｃ）思いこみ→自分は技術者ではない、とても開発なんか出来る訳はない

製品開発にあたっての私の好きなキーワード
・常に問題意識を持ち続けよ
・創造性が企業の原点
・企業力に合った開発をせよ
・利益の出ない事業はやらない
・めげない執念を持ち続けよ
・常に現場を見よ
・先ず実践、机の上では判断するな
・相手に必要な存在となれ
・開発者の適正を見抜け

私の開発体験・メルキーパー
現在開発中のもの、開発したいもの

Ⅲ）人事戦略　私が欲しい人材・・・良い友人を多く持っている人

ａ）健康で朗らかな笑顔が素敵な人
ｂ）創造性が豊かで、活力があり、挑戦心を持った人
ｃ）道徳心を持ち教養、コミュニケーション力のある人

お勧めしたい本「人を動かす」（デール・カーネギー著）
お勧めしたいこと「日記を付ける」
企業にとり人が最も大切である。

愛知学泉大学学生向け講演資料

千寿青葉中学校２年１組のみなさんへ：
（副題：私がいま思うこと）

1．丈夫な体

① 早寝・早起き
② 好き嫌いなく、何でも食べる
③ 体を動かそう

2．勉強

① 文章に親しもう
② やらされると思わず、
自ら進んでやるという気持ちを持とう
③ 話せる英語にチャレンジ

3．夢

① 将来どんな人になりたいか、
どんなことをやりたいかを考えよう
（職業に就くことの大切さ、どんな職業に
就こうとも、それは必ず社会の役に立つ）
② そのためにどんな準備が必要と思うか
③ 毎日、時々でも、数行でも、日記をつける
まず日記帳を買う

結び：

① 丈夫な体をつくろう
② 何事もやらされていると思うのではなく、
自ら積極的にやっていると思おう
③ 日記をつけよう

平成１６年１０月２１日
日本ルツボ式会社
社長　岡田　民雄

千寿青葉中学校生徒向け講演資料

２０１７年1月５日
日本ルツボ株式会社
取締役会長　岡田 民雄

新　年　の　挨　拶

皆さん　あけましておめでとうございます。
日本ルツボ株式会社は新たな年明けを迎え、本年は
創業１３２年目となります。誠に喜ばしいことであります。

私は、新年にあたり毎年同じことを言い続けております。
会社の基本姿勢として
永遠に存続する会社にしたい
社員が安心して働ける会社にしたい
利益の出る会社にしたい

経営理念として
我が社は創造性豊かな、活力に満ちた役職員により、
伝統を守りつついかなる時代、いかなる環境にも
適合する会社を目指します。

社是として

人に笑顔	仕事に挑戦
社員に安心	社会に貢献
顧客に満足	会社に利益

を、皆さんと共に継続して実行していきますので、一緒に努力しましょう。

毎年社員の皆さんに言葉を贈って参りましたが、今年は『 **感謝** 』 を贈りたいと思います。
非常に身近で大切な言葉ですが、これまで一度も贈ったことはありませんでした。
感謝は言葉として「ありがとう。お陰様。」、態度では「笑顔。明朗性。」などで表現できると思います。本年は、お互いに感謝の気持ちで連携し合い、社業の発展に努力していただきたいと思っています。

私は常々会社の存続・発展のためには「岩盤をしっかり固めて、新製品の開発、新市場の開拓、新事業の構築」が大切であると言っております。

新事業に関しては、お陰様で本社のテナントビル事業、豊田のソーラーパーク事業、それに今年度に大阪の貸倉庫事業が構築されます。大きな収益源になっており有難いことです。

新市場としては、ダイカスト業界が大きく残されていると思います。海外ではアメリカや東南アジア、また日坩商貿の中国市場でもライセンス品販売の可能性があると思います。環境市場は、スタッフの増強によりまだまだ開拓の余地のある市場です。

新製品では、輸入製品ではありますが「聖泉フィルター」が関係者の努力により、お陰様で年商1億円、利益で2千5百万円のペースになりました。今後もさらに伸ばせる可能性があると聞いております。「ゼブラックス」は生産量でアルミ用ルツボの約30%になりました。「ELEMAX」は昨年末までに累計10台が出荷されました。

理研熊谷機械㈱より生産譲渡された「ジルコナール」も新製品です。これまでに全く体験したことのない電子部品という新市場への参入であり、当社にとり大きな意義があります。

新製品のアイデアがありましたら、どなたでも、いつでも結構です。大橋取締役技術センター長まで遠慮なく申し出を願います。

最後に大きな声で唱和をしましょう。
私が最初に「お互いに」と言いますので、皆さんは「感謝をしよう」と言ってください。それを3回繰り返しましょう。

では、　（会長）　「お互いに」
　→　（全員）　「感謝をしよう」
　　　※これを3回繰り返す

（会長）　皆さん　今年も元気で頑張りましょう！

以上

社員向け新年の挨拶（2017年）

平成２９年4月３日
日本ルツボ株式会社
取締役会長　岡田 民雄

新入社員の皆さんへ

新入社員の皆さん、本日は入社おめでとうございます。これから私は、皆さんに３つの大きなテーマと、それぞれ３つの内容を話します。私はこれを「３・３表現法」と呼んでいます。これから皆さんが、話しや文章で自分の考えを人に伝えるときの参考にして下さい。

1．笑顔

a．あいさつ

「明るく」「いつも」「先に」「続ける」です。

b．笑顔で大きな声

T・P・Oをわきまえ、大きなはっきりした声で話しましょう。

c．人間関係

人生で最も大切なことだと理解しておいて下さい。「人を動かす」は世界中で７９年以上も読まれている人間関係学のバイブルです。特に「人に好かれる六原則」を繰り返し学び実践して下さい。

2．挑戦

a．仕事

仕事は長期戦です。マラソンです。焦らずじっくり自分で考え、自分で行動をする仕事に挑戦し続けて下さい。

b．勉強・知識

人間、一生勉強です。本やインターネット・テレビの画像、展示会などだけでなく、仕事に直接関係のない人たちにも会い、幅広い多くの知識を得て下さい。これまでの友人を大切にして下さい。

c．日記・記録

１日１行でもよい、１週間に１度でもよい、続けて下さい。
今日あったことだけを書くのではなく、これからやりたいこと、将来の夢も書いて下さい。レポート・写真なども記録になります。

3．健康

a．食事・酒

健康は若い時からの習慣が大切です。
特に暴飲・暴食は慎みましょう。

b．運動・睡眠

サッカー・テニス・ゴルフなどのスポーツに親しみましょう。
少なくとも歩くことなど適度に体を動かすことでぐっすり眠れます。

c．精神（こころ）・ストレス

最近「こころの病」が大変多くなってきていることは誠に残念なことであります。このために体力があっても、能力があっても活躍できなくなってしまうケースがあります。
皆さん自身でどうしたらストレスに強くなれるか、またどうしたら「こころの病」にかからないようにできるのか、研究し努力して下さい。大変大切なことです。

本日が皆さんにとり、日本ルツボでの生活の第一歩です。日本ルツボに入社して良かったと言えるように頑張って下さい。
私も皆さんにそう思ってもらえるように努めます。

新入社員への挨拶（平成29年）

2018（平成30）年1月19日大阪地区ＯＢ会時の挨拶

皆さんこんにちは。相談役の岡田民雄です。

本日は大阪地区のＯＢ会にお招き頂きまして誠に有難うございます。今石原君より30分の時間を頂きましたので安心してゆっくり話せます。

今大久保社長より会社の株価が高くなったとの説明がありましたがこれも皆さんが現役時代に会社を支えて頂いたお陰と感謝いたして居ります。

皆さんが居られた頃の大坂工場では黒鉛定盤、ストッパーヘッド,炉口煉瓦などを造っていましたが今は坩堝,浸漬ヒーターチューブが中心です。

坩堝の胴部に穴をあけパイプをはめ込んだものがあります。これはメルキーパーと言う炉に使われる坩堝です。また縦に溝が付いた坩堝があります。これは岡工場長が課長時代に開発してくれた新製品です。縞馬のゼブラとフェニックスをドッキングさせて、私が「ゼブラックス」とネーミングしました。今ではアルミ用坩堝の30%以上になっているそうです。昨日私はお客様を訪問しました。熱効率が良いと大変喜んで下さっていました。

ところで皆さん、今日本に 100 才以上の人が何人居ると思われますか。何と67824人いるそうです。100才以上は本当に珍しくなくなりました。

今回私が頂いた喪中はがきで最高齢者は 107 才でした。大久保社長の御祖父さんは100歳のお祝いの会では1人で立ち上がり大きな声で話されました。お父さんも93歳でお元気だそうです。私の母、岡田眞雄の未亡人ですが100歳と8か月でした。

最近高齢者が元気で活躍しているように思います。加山雄三とは私は大学で同期だったのですが先日彼のリサイタルを聞きに行きました。15分の休憩を含めて 2 時間半歌い放し、話放しでした。兎に角元気でした。今でも若大将振りをいかんなく発揮していました。その加山雄三と誕生日が全く同じ日の人がここに居ります。昭和12年4月１１日、それは武田君です。

皆さん　これからもお互い元気で頑張りましょう。（註　私は故小渕恵三元総理と昭和１２年６月２５日で同日です。

大阪地区ＯＢ会時の挨拶（平成30年）

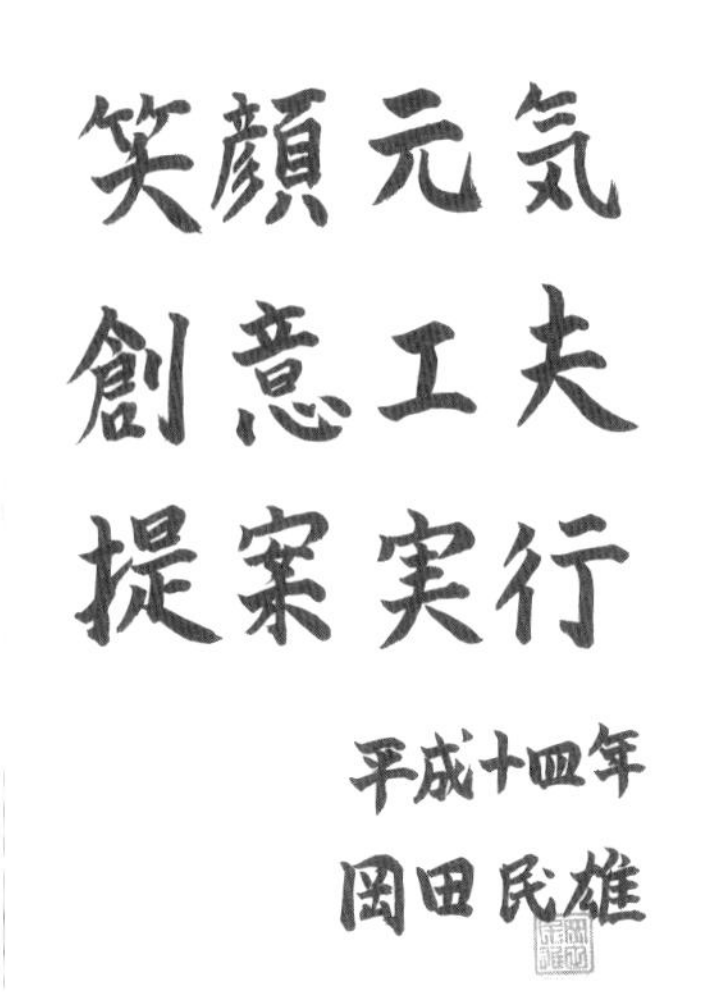
笑顔元気
創意工夫
提案実行
平成十四年
岡田民雄
平成14年

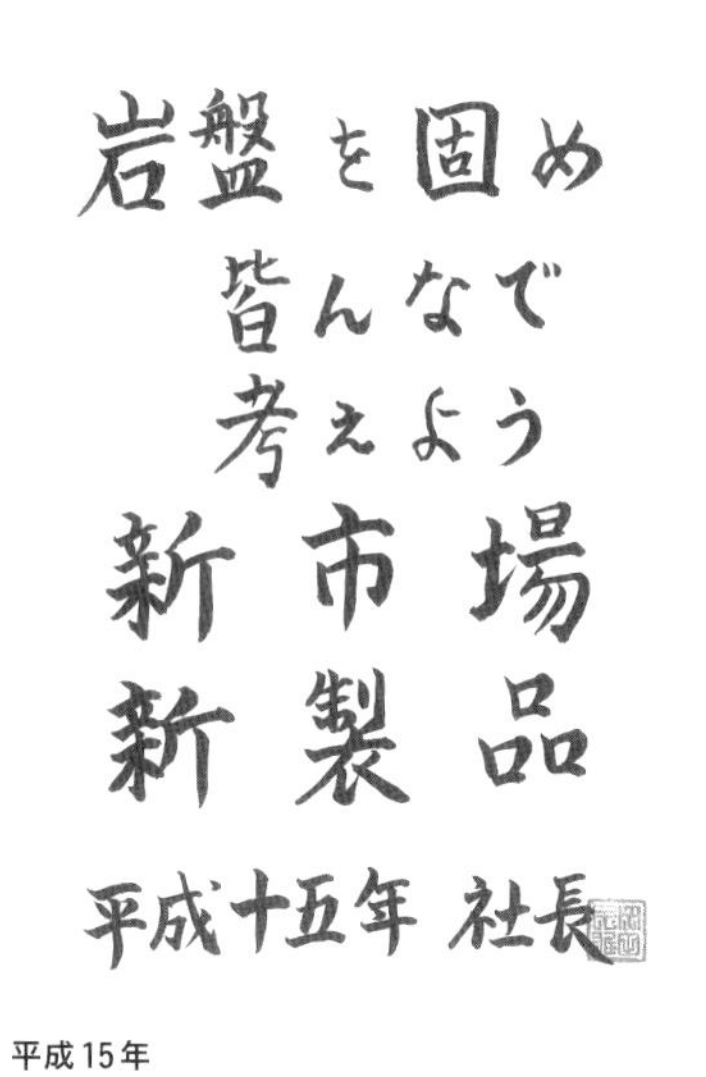
岩盤を固め
皆んなで
考えよう
新市場
新製品
平成十五年 社長
平成15年

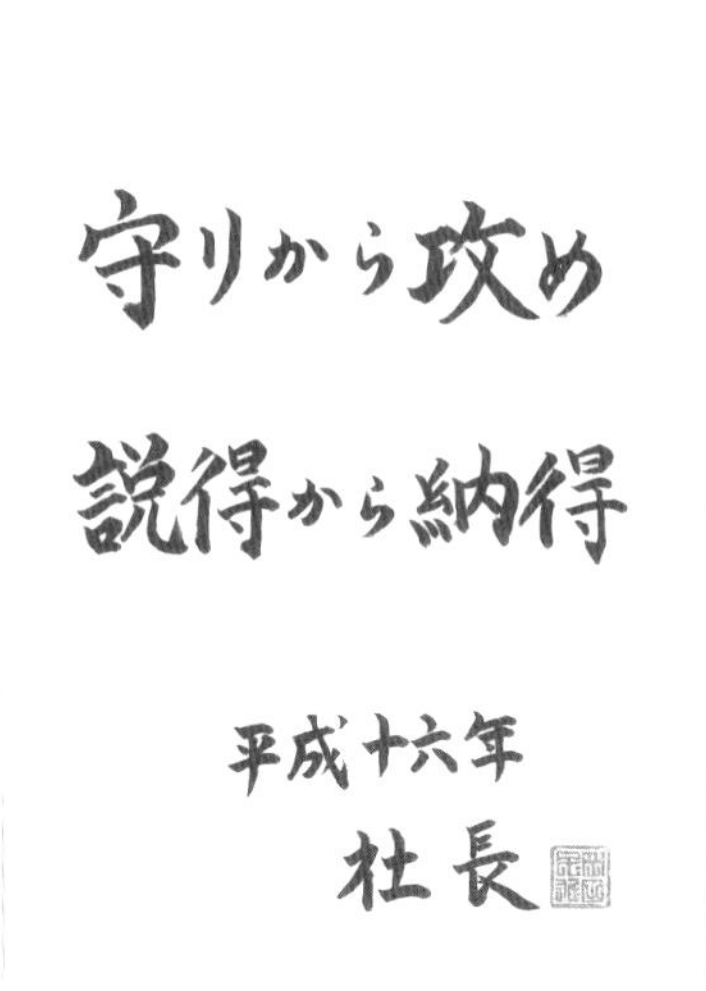
守りから攻め
説得から納得
平成十六年
社長
平成16年

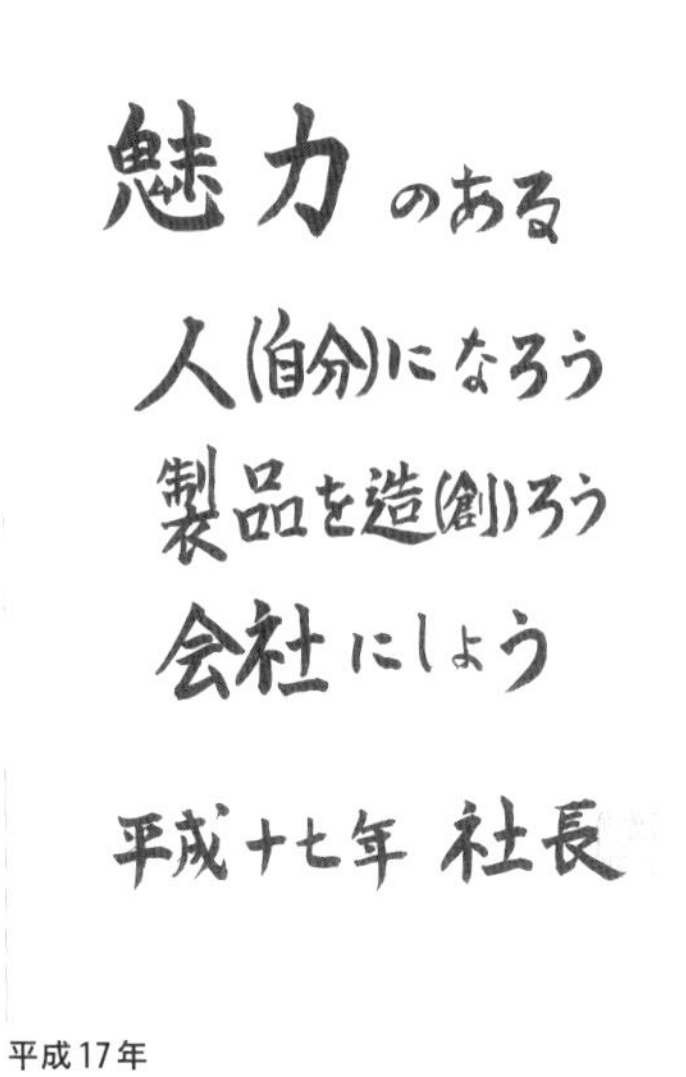
魅力のある
人(自分)になろう
製品を造(創)ろう
会社にしよう
平成十七年 社長
平成17年

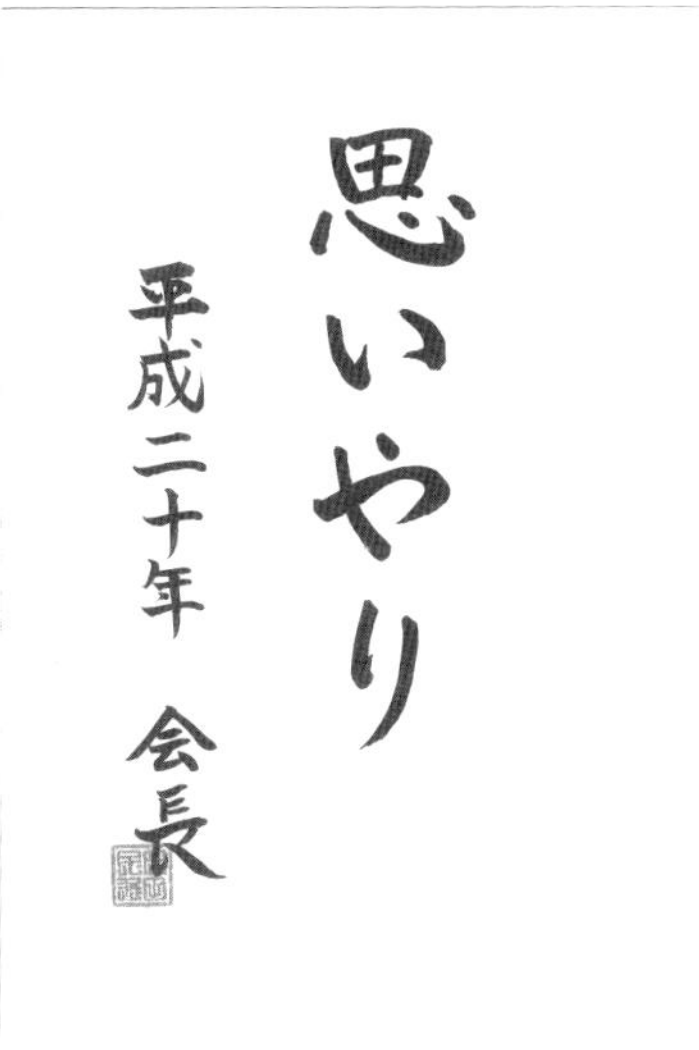

平成20年

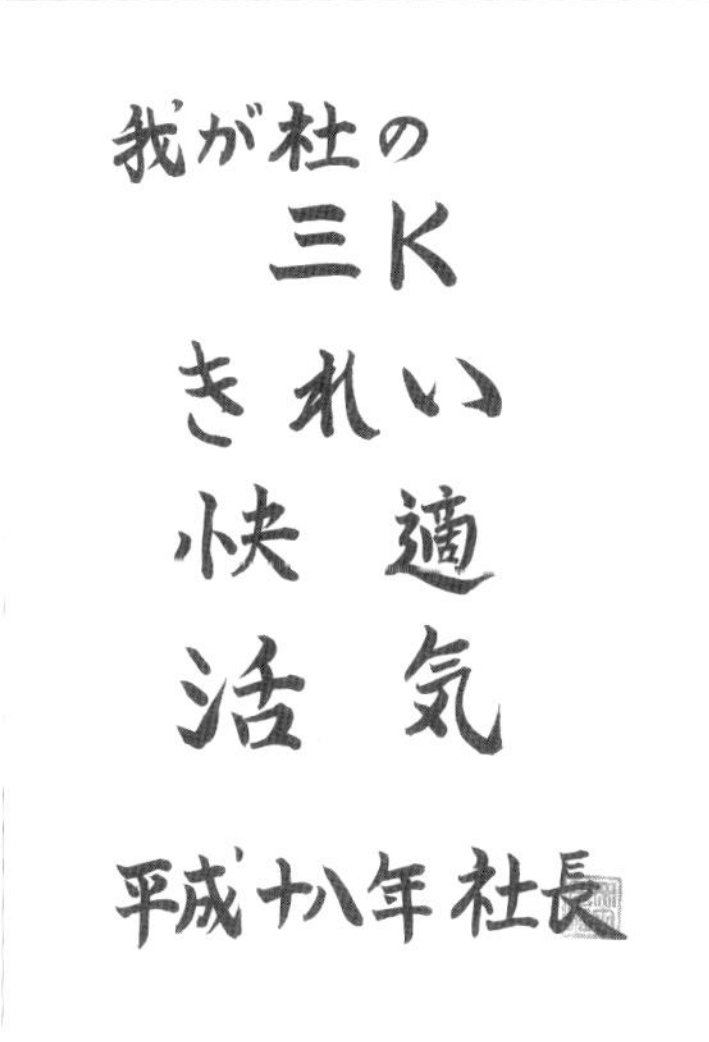

平成18年

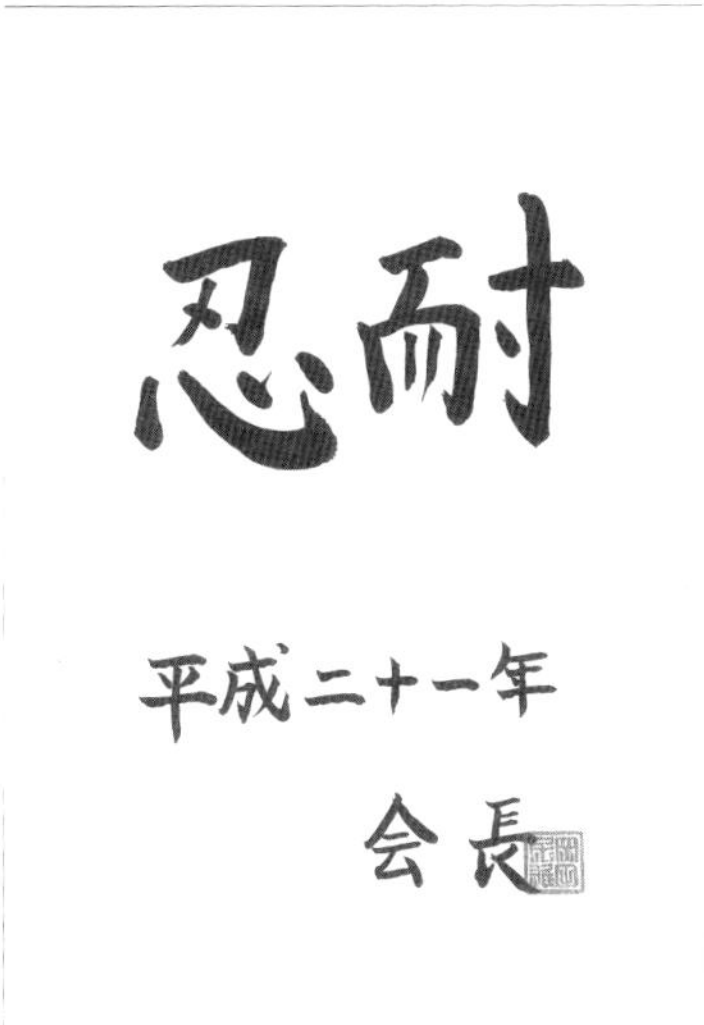

平成21年

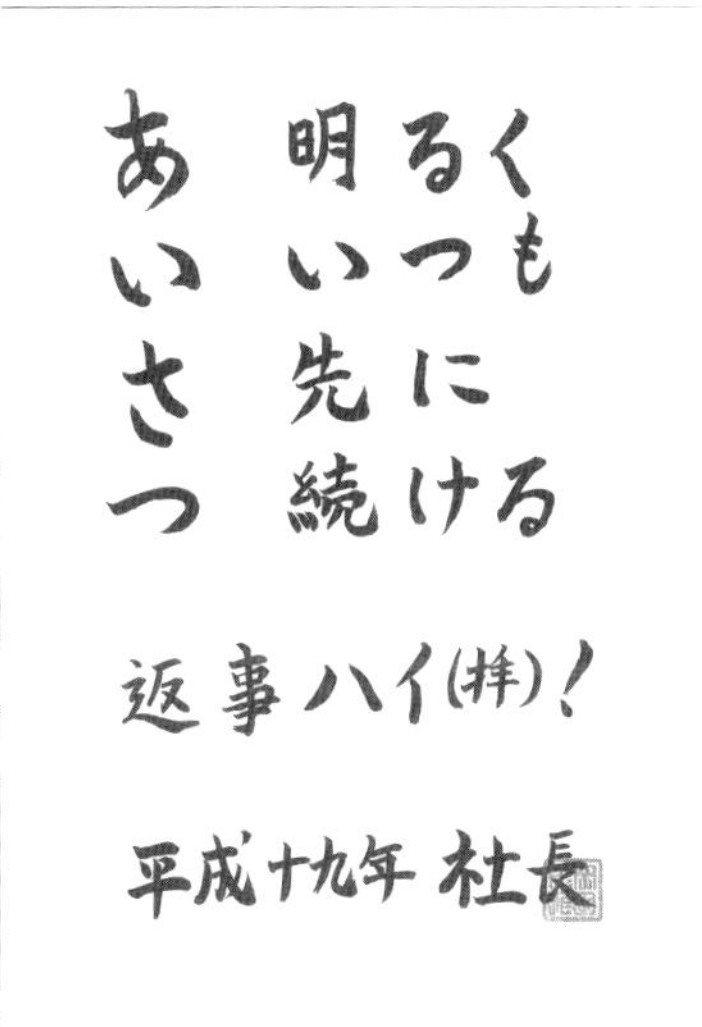

平成19年

平成22年

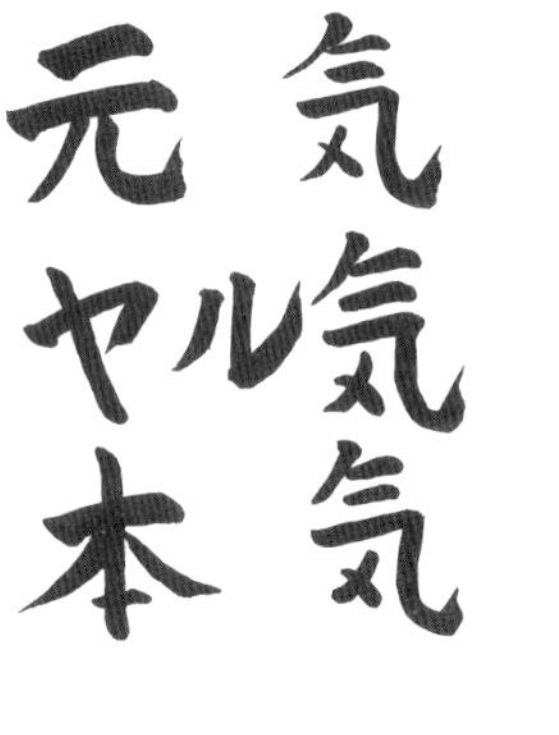

平成23年

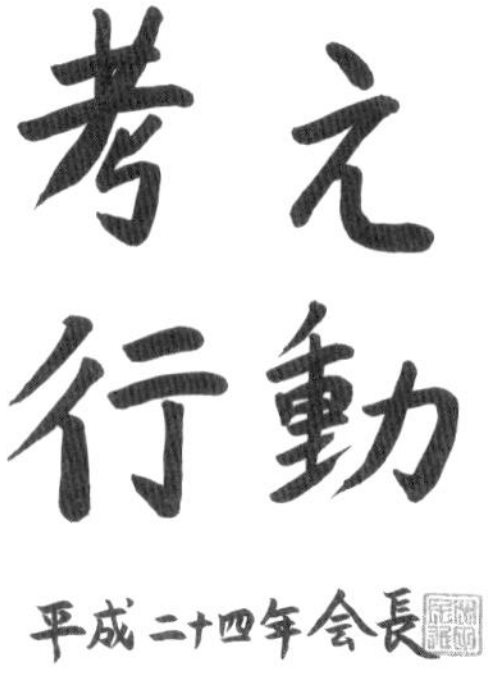

平成24年

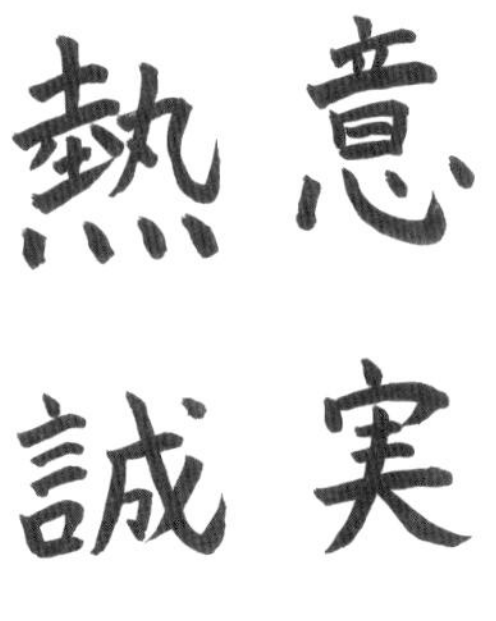

平成25年

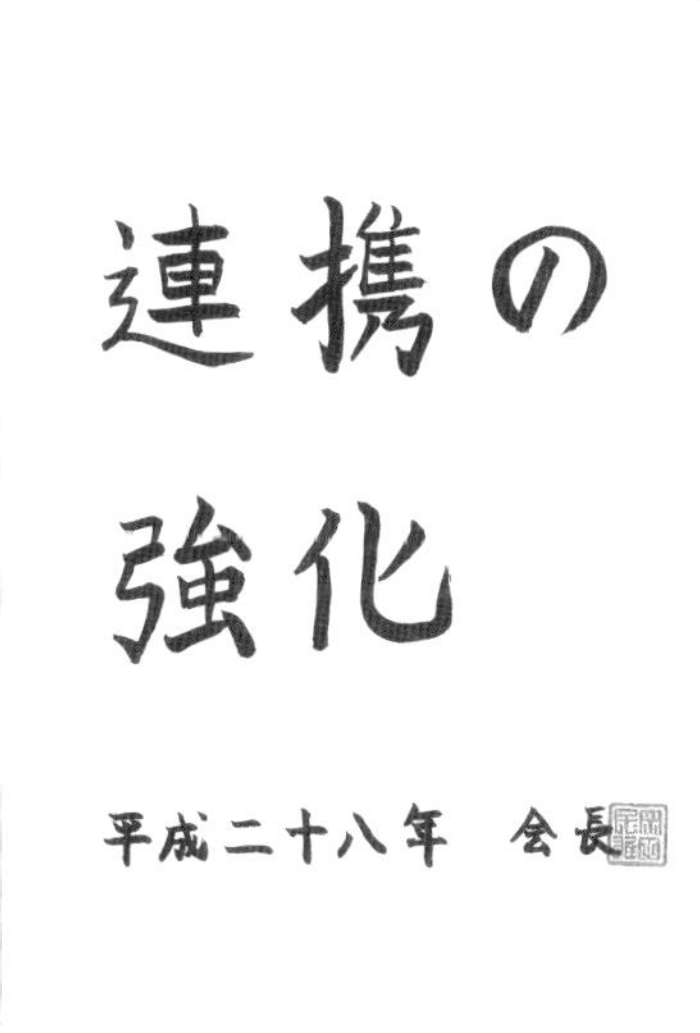
連携の
強化
平成二十八年　会長
平成28年

開発は
不可能を
可能にす
平成二十六年 会長
平成26年

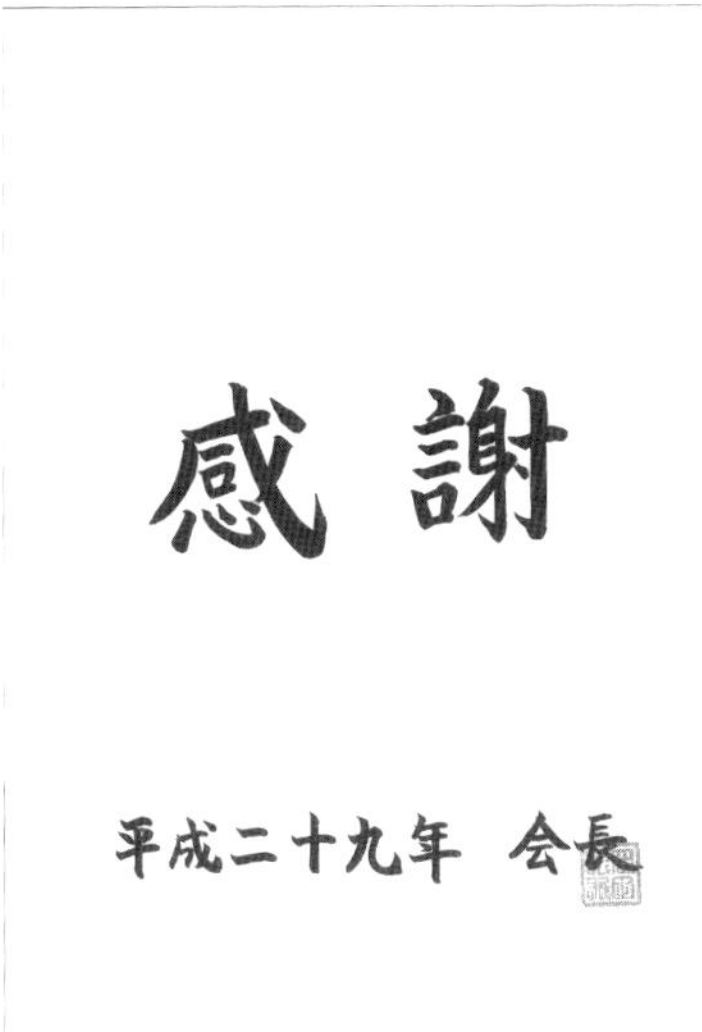
感謝
平成二十九年　会長
平成29年

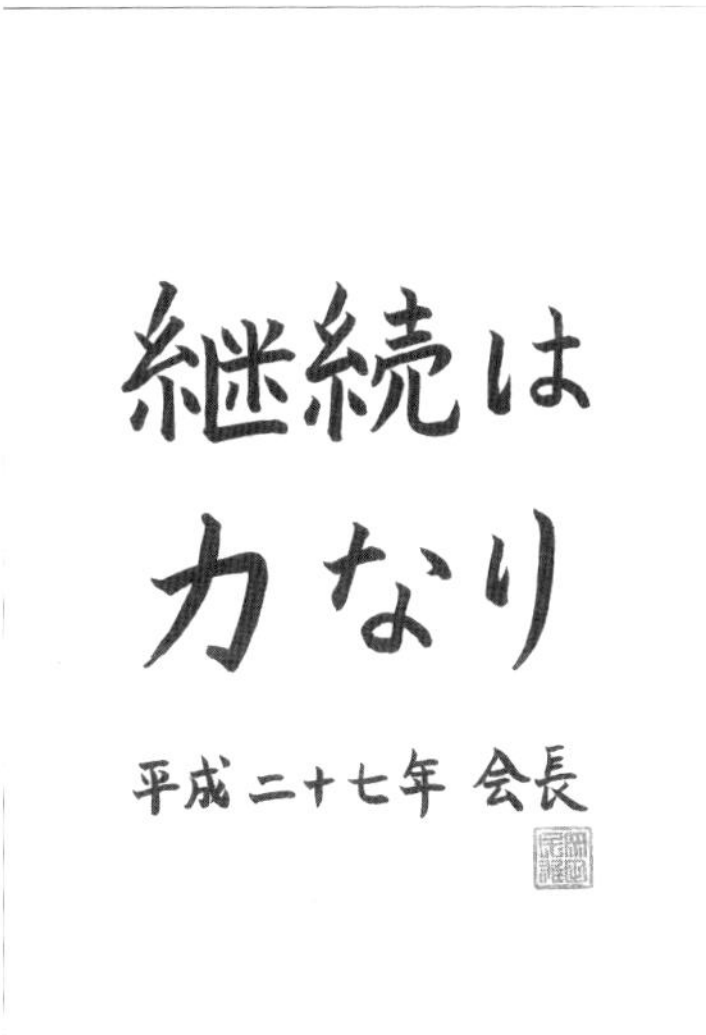
継続は
力なり
平成二十七年 会長
平成27年

［忘れられない一言］

テストに失敗はない！

蕨市　岡田民雄　六五歳

二五年程昔になりますが、私は製鉄会社担当の営業マンでした。大学は文学部の卒業ですが、製造会社に勤務してから技術に興味を持つようになり、当時自分なりにいろいろなアイディアを考えていました。新日鉄と川鉄を担当していましたが、仕事の進め方が非常に違う感じを受けていました。新日鉄は組織で進め、会議で全て決めるので何事にも時間がかかり、対照的に川鉄は個人に任されてするので、何を決めるのも早いという印象を私は持っていました。

そこで自分のあるアイディアを、私にとり大変魅力に充ちた川鉄の若きエンジニアに相談してみました。その人は掛長（製鉄会社独特の表現）の立場ではありましたが、自分の製鋼部だけではなく研究所も説得して、私のアイディアを川鉄が取り上げてくれました。これが成功したら川鉄も儲かるし、自分の会社も大きな商売になると、私は社内でも得意顔で有頂天になっていました。

ところが、多くの人と金をかけ一年程研究を続けたのですが、どうしても技術的に解決できない点があり、残念ながら断念せざるを得ませんでした。期待が大きかっただけに、私は本当に重い足取りで、川鉄にお詫びに行きました。出入り差し止めにされても仕方がない気持ちでした。

「掛長さんの顔に泥を塗ってしまったようなことをして、誠に申し訳ありません」と言うと、「岡田さんのヒントで、川鉄がどれだけ啓蒙されたことか、我々が全く気がつかなかったことを提案してくれて大変勉強になった。採用にならなかったことは失敗かもわからんが、多くのことが解明できたことに意義がある。やれるかやれないかを見るテストだからテストには失敗はないよ」と言われ、私は涙を流しながらお詫びをし感謝しました。私にとり一生忘れられない一言です。

その時の掛長が現在の川鉄の數土文夫社長です。私にとって、このような出会いができたことは大きな誇りであり、今でも、直接仕事の関係はありませんが、お付き合いをいただき有難いことだと思っています。

※

空欄なく毎日日記をつける。

蕨市　岡田民雄　六五歳

私は中学三年だった昭和二七年六月十二日より日記をつけている。今、昔の日記を読み返してみると、時期によって空白の部分も随分ある。特に昭和四五年から五四年までは貿易関係の仕事で海外出張も多く、主に手帳に記録をしていたので、日記帳としては書いていない。昭和五五年からは三年連用の日記帳を購入し、空白は少なくなっている。

私が日記をつけるようになったのは、父の影響である。父は生涯七二冊の日記帳を残している。父がまだ健在のときから、読んでも良いと言われてはいたが、当時の私にはなかなか読みずらいものであった。私が生まれた日のことや、名前がついた経緯など非常に興味のあるものだ。しかし、残念ながら達筆すぎ私には読めない箇所も多い。また、私は実家を離れており、父の日記は手元にはないので、実家に行って読むのも楽しみである。父は軍隊でも持ち歩きつけており、その日記には空白日も空欄なく、ページ一杯に記入され見事なものである。

私も今年の抱負として、父に見習って空欄なく毎日、日記を書いてみようと思っている。

雑誌『林遊』掲載

《今年の抱負》

シラケることのないように…

蕨市　岡田民雄　六六歳

私は若い頃からタバコもお酒も全くダメなのです。タバコに関しては何も不自由はありませんでしたが、お酒はできることなら飲めるにこしたことはないと思っていました。

若い頃には「営業をするには酒ぐらい飲めないと駄目だ」「俺の盃を受けられないのか」「タバコも酒もやらないで何が楽しみで生きているのだ」……等よく言われたものでした。お酒は飲めるようになろうと一生懸命に努力しましたが、一向に上達はしませんでした。ここでお酒にまつわる私の一番のエピソードを書かせていただきます。

私は昭和三五年に今も勤務している会社に入社しました。新入社員は五人で私だけが営業に配属され、先輩たちが私の歓迎会をしてくれました。飲めないので断り続けながら、鰻丼をご馳走になっていました。先輩たちも一杯入って来ましたので、私へのお酒の進め方もだんだんエスカレートしてきました。私は覚悟を決め、前に並んでいた徳利を手に取り、鰻丼の空いた丼になみなみと注ぎました。

その間、大分酔いがまわった先輩たちもシーンと静まり返り、私の仕草をじっと見ていました。それは私にとり大変な快感でした。主賓席に座らせていただいていた私は畳からやおら立ち上がり、後に流行ったイッキ飲みスタイルで全部飲み干してしまいました。

「立派だ！」「飲めば飲めるではないか」「もう一杯どうだ」「歌え」という大きな声が聞こえました。前年の夏休みにバイク一人旅で訪れた花巻温泉で覚えた「北上夜曲」を歌いました。まだマヒナスターズも歌っておらず、この地方だけで歌われていたもので誰も知らないものでした。偶然にもその年から大流行し、私の自慢の一曲です。

話は横道にそれてしまいましたが、歌い終わるまでは何とか良かったのですが、それからが大変でした。だんだん気持ちが悪くなってきて、それからはずっと洗面器と睨めっこでした。

さて、これからが話の本番になります。

やっと解放され家に帰れるかと思ったら、

タクシーで銀座のキャバレーに連れていかれました。もうその頃は新入社員歓迎会なんて全く関係なく単なるダシに過ぎませんでした。キャバレーに入ってから初めから終わりまでつるのあるブリキのバケツとずっと睨めっこでした。

恵比寿にある会社には宿泊設備があったので、タクシーで帰ろうとして外に出たら雨でした。やっと捕まえたタクシーに四人で乗り、私は太った人と背の高い人に支えられ、後部座席の中央に座りました。前には体格の良い元気な人が乗ったことが大問題になってしまいました。何の理由かわかりませんが運転手とケンカになってしまい、運転手は身の危険を感じてか、交番のまえに車をつけ、飛び込んで行きました。同乗の三人も一緒に交番の中に入り、私は動けないのでそのままタクシー内にいました。

元気さんが「俺は殴っていない」と主張したとき、運転手が指で自分の胸を指したそうです。そこには雨で濡れた靴の跡がはっきり

6

残っていたとのことでした。（後々、このことが話題になると、大笑いになりました）。
間もなくパトカーの音が聞こえてきました。我々はパトカーに乗せられ築地警察署に連れて行かれました。私は相変わらず一人では歩けないので木のベンチに寝かされ、他の三人は取締りを受け一晩留め置かれました。幸い私は何時だったかは覚えていませんが、会社の人が迎えに来てくれ会社に帰れました。服を着たまま毛布を被って寝ていました。目を覚ましてポケットに手を入れたら鳥のもも焼きがありました。巻いてあった銀紙がとても眩しく、かぶりついたその時の味は四四年もたった今でも忘れられません。

お酒に関しては苦い思い出ばかりの私ですが、勧めてくださる方は皆さん親切で、おもてなしの気持ちでおられるのですから、シラケることのないよう、ご好意を心より感謝申し上げ、失礼のないようお断わりすることを今年、平成一六年の抱負にしたいと思います。どうぞよろしくお願い申し上げます。

※

今年の抱負

初体験に挑戦

ゲスト・ティーチャーをしてみて

埼玉県蕨市　岡田民雄　六七歳

人間は一般に、歳を取るとどうしても過去に生きる傾向があるという。サミュエル・ウルマンの詩「青春」の訳者である故岡田義夫氏は私の住む蕨市の出身ということもあって、特にこの詩に親しみを感じている。「青春とは人生の或る期間を言うのではなく、心の様相を青春と言うのだ。優れた想像力、逞しき意思、炎ゆる情熱（中略）こう言う様相を青春と言うのだ」

私は、いつもこの詩の一字一句を噛みしめながらそれを理解しようとし、詩が言う「心の様相」を持とうと努めている。それには、これまでに体験していないことに挑戦してみるのも一つの方法だと思っている。

先日、私が会員になっている経済同友会の企画による「ゲスト・ティーチャー」にお応募してみたら、すぐに足立区立千寿青葉中学校から声がかかった。「どのような内容でも良いので、生徒たちに夢を与えてほしい」と花岡校長から言われて、さて応募はしたものの、いざ声が掛かると何をしたら良いのかと、当初は非常に迷った。しかし、これも新しい事への挑戦だと前向きに考えて、学校側とも相談しながら、次のようなレジメを作った。

①丈夫な体を作ろう
（早寝早起き）
（好き嫌いをなくそう）
（体を動かそう）
②勉強
（文章に親しもう）
（やらされていると思うな）
（話せる英語を）
③夢
（将来何をやりたいか）
（そのためにどんな準備が必要か）
（日記を書こう）

昨年十月二十一日に授業に赴いた。私は実は、いまの中学生は真面目に勉強しないのではないか、私語も多くて先生の話も聞かないのではないか…とマイナスの先入観を持っていた。ところが、実際に私が話し始めると、大半の生徒は熱心に聞いてくれた。一人だけ机に両手を乗せて顔をうつ伏せにしている生徒がいた。私は「顔を上げろ」と怒ったりしたら、こちらが負けだと思ったので、一生懸命に語り続けたら、本人もやがて顔を上げて、私を見て話を聞くようになった。私は嬉しかった。生徒たち三十四人全員が、私に感想文を書き送ってきた。各自の文を読んでみて、ゲスト・ティーチャーに挑戦して良かったと思っている。

私は、いくら歳を取っても、生まれて初めてのことを出来るうちは、人生まだ上昇気流に乗っている、という思いで「初体験」に挑戦していくことを、平成十七年の抱負にしたいと思っている。

＊

7

「今年の抱負」

現役でありたい

埼玉県蕨市　岡田民雄　六八歳

今年の六月の誕生日が来ると、私は六十九歳になる。今は年商八十五億円、社員二百人規模の会社の社長をしている。私と同世代の多くの友人たちはすでにリタイヤして、それぞれの人生を楽しんでいる。

定年を迎えた人の多くが夫婦で海外旅行を楽しんでいるようだ。同じ海外旅行でも現役の場合は「海外出張」であり、その感じ方や楽しみ方もずいぶんと違うように思える。私は、四年前の九月十一日の同時多発テロ発生のその時間に、アメリカに向かう飛行機に乗っていた。成田からミネアポリスで乗り継ぎ、オハイオ州のコロンバスに行く予定だった。コロンバスにある技術提携先の創立三十年周年記念式典に出席する予定だった。しかし、飛行機は途中カナダのバンクーバーで緊急着陸した。乗客は、何事が起きたのかは知らされないままバスで越境してシアトルに移動させられた。私は先方に出席できない旨伝えるべく、同行のアメリカ人社員に空港で公衆電話をかけさせようとしたが、長蛇の列でとてもできる状態ではなかった。

緊急着陸から約十五時間かけてようやくシアトルの割り当てられたホテルに入ってテレビを観て、初めて凄まじいテロ事件が発生したことを知った。結局シアトルで六日間足止めされ、その間自活を余儀なくされた。必要物資買出しのために街を歩いている時、大勢の日本人シルバーカップルに出会った。おそらく企業戦士のOBの人たちなのだろう。とにかく皆さん元気があり、時間はいくらでもあるのだからと、この大きな事件とその余波をしっかりと受け止めて行動されていた様子を見て、非常に頼もしく思った。私のほうはというと、先方への連絡、また東京の本社への連絡に必死で、ようやく連絡がとれたときには「社長が行方不明になった」と大騒ぎしていたことが判った次第である。

同期会などは、「早く辞めて自分の人生を楽しめ」と、アドバイスしてくれる人、また「健康だったら働いているほうがよい」と言ってくれる人、様々である。私は、今でも会社でやりたいことがたくさんある。例えば人材育成と新人の確保。また、新製品の開発や、中国・タイなどへの進出など、会社にいなければできない仕事である。

自分が若い頃から持っていた夢を実現させるためにも、今年も現役でありたいと思っている。このことを平成十八年の抱負にしたいと思う。

皆様のご支援の程、お願い申し上げます。

兄の分まで生きて・・・

埼玉県蕨市　岡田民雄　六九歳

実兄の藤崎孝雄は、昨年九月十日に七十六才でその生涯を閉じた。私はもっと長生きしてくれるものと思っていた。兄は、旧制佐倉中学を卒業してすぐに父の家業である林業を手伝った。家は代々の地主であった。しかし、その農地は終戦直後に解放されてしまい、ほとんど失ってしまったが山林は残されていた。そこで、その山林で木々を切り原木を製材工場に売って生計を立てていた。原木を運ぶために実家はトラックを購入した。当時はガソリンがなく、木炭や小さな薪で走っていたので、トラックはしょっちゅう故障ばかりしていた。実家は製材工場を入手し、原木のままではなく製材した板や柱で出荷するようになった。その製材工場のなかに、トラックの修理工場も併設した。そのうち、自分のトラックばかりではなく、外部からも頼まれるようになり、車の修理も商売をするようになった。私は、学生時代にバイクで東北と九州一周の一人旅をしたことがある。このバイクはホンダのセルモーター付きの第一号であり、当時大変な人気を集めていたので入手しずらいものであったが、兄はそれを買ってくれた。

木炭車の後、普及したのはジーゼル車であった。木炭車は故障が多かったため、兄は車の修理に精通し、修理工場は大いに繁盛した。車に興味を持った兄は、輸入木材の攻勢で製材商売も厳しくなったのか、製材業から運送業へと事業を変えた。修理工場には、トラックや乗用車だけではなく、ブルドーザーなど建設機械も修理に入ってくるようになった。兄はまた、ブルドーザーにも興味を持ち、土木業にも手を出した。当時日本で一番大きいというブルドーザーを手にして、私にも自慢していた。兄は工事業者としてゴルフ場建設も経験した。或る時、人から勧められてヘリポートを造る事になった。土地は自分の山林があるし、ブルドーザーなど手持ち機械設備もあるので、ヘリポートは兄にしてみれば決して難しいものではなかった。正式に建設許可を貰って整地した頃に成田新国際空港開設が決まったため、近隣であった兄のヘリポート計画は中止せざるを得なかった。そのために整地された土地は、次の利用方法が分からないまま放置されていた。昭和四十年代の頃である。

空港建設の工事関係者が外部より多く入ってきた。どんな経緯だったか私は知らないが、その整地されていた土地はいつの間にかネットを張ったゴルフ練習場になった。工事関係者などでこのゴルフ練習場も大いに繁盛した。ネットの中だけの練習では飽き足らない客達が外に出て球を打つようになり、山林の中には一つ二つとホールが出来ていき、最終的には二十七ホールを備えたミニコース「トーカンゴルフコース」が誕生してしまった。コースは当時のゴルフブームに乗って、年間七万人以上の客が入るという超入場者が多いゴルフ場になった。年中無休、グリーンカットもお客様のプレー中に、という運営方法も大変ユニークなゴルフ場だった。

そして世の中がバブル期を迎え、日本中いたる所でゴルフ場の建設ブームが続く中、兄はこのミニゴルフコースを止めて、会員制の本格的なゴルフ場を造ることを決断した。私も兄の話を聞いて大変興味を持ち、昭和三十五年に入社した日本ルツボ㈱を昭和六十二年に辞めて兄と一緒に「久能カントリー倶楽部」設立の仕事をすることになった。

兄はコース建設、私は主に会員募集に従事した。平成元年のオープン後は、私は総支配人としてゴルフ場の運営を担当し、軌道に乗るのを見届けてから日本ルツボ㈱に復職し社長をしている。

平成七年二月に再び日本ルツボ㈱に戻るまでの間に、兄から多くのことを学んだ。兄はとにかく「カン」が鋭かった。ディーゼルエンジンの音を聴いて車の故障箇所を当てたり、ゴルフ場建設時にブルが走っている近くに立って、その振動を感じながら地盤強度を判断したり、「音感的カン」が鋭かった。そして様々な事業をこれまで展開したように、時流と景気の動向をいち早く掴む「事業的カン」も鋭かった。兄はバブルが崩壊することを予想してゴルフ場建設の工期を短縮させて、鍬入れ式から十七ケ月という短期間で確実にオープンできる状態にしたので、会員募集も満足できる条件で出来た。もしもう一年オープンが遅れていたら、募集条件も大幅に変更せざるを得なかったと思う。この兄の「カン」は、すべての決断は自分一人でしてきたことで、理論だけではなく、体を張って全財産を張って仕事をして来たことから生まれたものであろう。

兄は事業展開のかたわら、地域への奉仕も積極的に行った。兄は学生時代に野球をしていた縁で、若い頃に母校野球部のコーチをしていた。当時の選手の一人に長嶋茂雄さんがいた。その関係から長嶋さんは兄の結婚式に出席されて、その日の試合で打ったホームランがプロ入り第一号の記念すべきものとなった。

コーチを退いてからも、兄の母校野球部に対する物心両面での支援は続いていた。バックネットやボールを寄付したり、また野球部員達に焼き肉などをご馳走するのが大好きだった。「ともかく（兄の口癖の枕詞）よく食うぞ！」と言って喜んでいた。兄の通夜に駆けつけてくれた白いワイシャツ姿の野球部員達に、スポーツシャツ姿の兄の遺影が微笑んでいた。

兄のことを考えていくと、心身共に若いときから全エネルギーを使い果たしてしまったのかなあとも思う。兄の冥福を祈ると同時に、私は兄の分まで生きて社会のために役立っていきたいと願っている。

平成二〇年の抱負「犬の遠吠え」

蕨市　岡田民雄　七〇歳

広辞苑によると、「犬の遠吠え」は「臆病者が陰で虚勢を張り、または他人を攻撃するのたとえ」とある。年金が今大きな社会問題になっているが、国は受給年齢に達した資格者全てに、いわゆる現役の人たちにも、年金を全額払い、それぞれの所得に応じた税率で、国に還元して貰った方が良い、と私は思っている。私は昨年七〇歳になり、今も現役で働いているために、年金通知の中に支給停止額が明記されている。当然規則であるので仕方がないが、停止額を見ると何となく割り切れない気持ちになる。支給開始年齢もだんだん高くなってきている。また、少子・高齢化社会と言われているが、やがて年数が経つと、「少子」と言われている世代が勤労者になり、長寿化の進行で圧倒的に多い受給者を支えねばならない。現年金生活者も、次の団塊世代以下の人たちも全員が年金制度の行く末に対しては、不安を持っている。

「年金併用型」賃金体系のもと、年金をできるだけ削られない程度で、年金受給年齢者に給料を払っている企業が多い。働く人といえば、給料を少し多く貰って年金を多く減らされるのはバカらしいと思い、働く意欲を無くしてしまう。それよりも私は、国は年金を受給者に全額支給し、大いに働いて貰い、能力と成果に見合う給料をとって貰い、その所得の中から税金を納めて還元して貰った方が、個人にとっても国にとっても大きなプラスになると思う。年金受給年齢になっても、多くの人は知識・経験・体力・気力があり、働くことが出来、社会貢献ができるものと私は信じている。今の年金制度が、多くの人材の働くチャンスを奪ってしまっていることは、企業にとって、また国にとっても大きな損失だと思う。

私は年金のことについて特別勉強しているわけではないので、専門の人から「こういう事だから、とてもそんなことはできない」と説明されたら、何ら逆らえないので、「犬の遠吠え」のようにただ「吠える」ことを平成二〇年の抱負にしたいと思っている。

〈新年の抱負〉

辛抱・我慢・忍耐

蕨市　岡田民雄　七一歳

私が昭和三十五年に社会に出てから今年で四十九年になる。その長い間の私の会社勤めで経験したいくつもの景気の浮き沈みの中で、昨年の北京オリンピックの前と後での落差ほど大きかったものは記憶にない。

オリンピック前までは原油・資源・食料等の価格が高騰し、品不足・入手難となり、そのために各企業は原料・部品等を確保するために世界中を奔走し、備蓄までしなければならない状況になった。ところがオリンピックが終わってからは景気は突如一変した。しかも今回は以前のバブル崩壊の時とは異なり、日本だけの事ではなく、全世界同時不況といわれている。麻生総理は百年に一度の暴風雨と表現した。その規模は計り知れないほど大きく、相当長引くことだろう。我々には実感の乏しかった長く緩やかに続いた好景気は、あたかもスキーで気持ちよく滑り降りて麓に着いて「さあ戻ろう」と思ってリフトを探したら、無いことに気づいたようなもので、これから元の位置に歩いて登るには、大変な苦労と長い時間がかかることだろう。

私は創業百二十四年を迎えた会社の会長として、永年続いている会社を何としてでも存続させねばならないとの決意を新たにして新年を迎えた。考えられるあらゆる対策を打ち、役職員と共に、私も「辛抱・我慢・忍耐」をして、この百年に一度といわれる暴風雨に立ち向かうことを、平成二十一年の抱負にしたいと思っている。

＊

今年の抱負　絆

蕨市　岡田　民雄　七二歳

私の人生の中には、強い絆で結ばれていた体験が多くある。その一つが、昨年「今井義武先生を偲ぶ会」の実行委員長をさせてもらったことである。今井義武先生とは、私が成田中学一年生の時の担任の先生である。東京農業大学を卒業して、教員として最初に受け持ったのが、我々のクラスであった。その先生が、定年退任をする時に、教え子、同僚、友人に、自分のことについて思い出など書いて、原稿を送ってほしい旨依頼していた。

先生は平成二十年四月に八十才で亡くなった。昨年、柏市の鈴木敏彦さんから、今井先生の所に集まっている原稿で、記念誌を作りたいとの手紙が届き、私も喜んで協力することにした。鈴木さんも柏中学での教え子のひとりである。今井先生の清子夫人と、鈴木さんが中心となり、記念誌「教育の源流」―今井先生と私たちーが完成した。今井先生は、千葉県内の八つの中学校で教鞭をとられた。この記念誌の執筆者は、何と九六名に及んだ。

教え子達の文の内容は、ほとんどが、叱られ怖い先生だったが、育てていただいたことへの感謝の気持ちである。

私の文も、悪いことをして殴られたこと、また最も印象に残っていることは、お説教で我々を教室に座らせたまま忘れて映画を見に行ってしまい、他の先生から帰っても良いと言われたことだった。現在ではとても考えられないことである。

この出版を記念して偲ぶ会を平成二十一年十一月八日、海浜幕張のホテルで開催した。私は教え子第一期生ということで、実行委員長をし、別々の中学より六二名が集まり、先生の思い出を話し合った。今井先生は出会った多くの人と、強く結びついていたからこそ、多くの原稿が集まり、偲ぶ会にも五十年以上昔にお世話になった教え子たちが集まったのだろう。これこそが「絆」だと思う。

私も先生を見習って、家族、社員、友人知人・・との強い絆を持つことを平成二十二年の抱負にしたいと思う。

《今年の抱負》

「お陰様で・・」の言葉を使いたい

蕨市　岡田民雄　七三歳

昨年、私は「このまま行ったら日本はダメになる」と言う言葉を多く耳にした。政治、経済、外交、防衛、教育、年金、介護、医療・・など多くの人が心配している。それぞれが難しいことばかりで私には充分理解できないが、やはり日本の将来はどうなるのだろうと不安はある。

私は今年七四歳になるが、現役で会社経営に携わっているため経済のことが特に気になる。円高、空洞化、雇用不安、税収不足、福祉の財源不足、円高還元セール、デフレ、国内弱小企業圧迫等々思うと、市民の暮らしはどうなっていくのだろか？

自動車・家電などの輸出産業により日本経済を支えてきたが、昨年、秋の急激な円高は輸出企業にとってショックは大きい。大手企業や海外進出力のある中小企業の多くは、生産拠点を海外にシフトし国内は空洞化となり雇用不安になる。税収不足となり福祉に回す財源もなくなってしまう。スーパーなどで円高還元と称し、衣料品や食料品などが安く売られ国内競合会社は苦戦を強いられる。海外にも出られずリストラなどで血の滲む思いでコストダウンしている下請け企業などは、価格は中国並み、品質は日本基準を要求され大きな打撃を受けている。一方、一般市民は輸入品を安く買うことはできるが、一体その収入はどこから得るのかを考えると大きな矛盾を感じる。

評論家の先生方は、中国で真似のできないような優れた新製品を開発すべきだと言っておられるが、現実に多くの企業は、社員や経費を削減しているので大変難しい状況にある。ＩＴや流通産業は比較的新しい企業であるが、製造業の大半は古い企業であろう。従って、成熟製品が多く、厳しい価格競争に晒されている。

現在の日本の状況を上記のように見ている人が多いことと思う。私も客観的にはそう思う。しかし、企業に携わっている者は評論家であってはならない。いかなる言訳も許されない。創意工夫をして会社を存続させることが最大の責務である。現にこの状況下にあっても史上空前の利益を出している会社、多くの社員を新たに雇用している会社も沢山ある。

私は、会社を存続成長させるためには新製品の開発、新市場の開拓、新事業の構築が必要だと思っている。幸いなことに（お陰様で）わが社は、創業一二六年目を迎える今年、長年開発を続けてきた新製品をいくつか市場に出せるところまで来ている。新市場として中国やアジア諸国が現実のものとなってきた。

このような不況・不安な時代にあってこそ、社員と共に元気・ヤル気・本気を合言葉に、支えて下さる多くの皆様に「お陰様で・・」の言葉を使えるよう努力したい。

これを平成二三年の抱負にしたい。

《今年の抱負》

「寒暖７００年周期説」

蕨市　岡田民雄　七四歳

１９６０年（昭和35年）に私は慶応義塾大学を卒業した。在学中の4年間は「文化地理研究会」というサークルに所属し4年間で日本一周のキャッチフレーズのもと、西岡秀雄・糸子先生の引率により春休み・夏休みを利用し旅行していた。糸子先生は62歳で亡くなられたが西岡秀雄先生は昨年8月1日に97歳で大往生された。これを機会に私は昔を思い出し先生の生涯にわたり研究され、昭和30年40年代に文、経、法、工、とほとんどの学科で地理学として講義をしていた「寒暖７００年周期説」を無性に勉強してみたくなった。

何人かの友人に尋ねてみたが、学生時代に教科書として使っていた本を持っているものは居なかった。久しぶりに母校三田の図書館を訪ね「寒暖の歴史―日本氣候七百年周期説」（昭和24年9月20日・好學社２４０円）の初版本を見ることができた。コピーをしてみるも紙が茶色に変色しておりコピーでは大変文字が読み難いため、私は3回図書館に通った。

この本の「はしがき」には、

「日本の過去３千年の歳月の間に、約７百年毎に寒暖の波が４回も繰り返し繰り返し訪れており、近年は江戸末期の寒暖の谷底から約７百年経ったところに位置し、西暦22～23世紀に到来予定の第５回目の最暖期へ向かう上昇途上にある、という寒暖の波に関する現象が最近実証された。これは昭和21年12月より昭和23年３月までに私が自然・人文両方面の学会に発表を重ねて来た、いわゆる『日本氣候七百年周期説』、あるいは一般から単に『西岡学説』などと呼稱された新学説であり、本書はその資料を纏めてなるべく平易に紹介を試みたものである」と書かれている。

昭和24年はマッカーサーが日本を支配していた時代で、一般国民は食べることに精一杯で、地球が寒暖を周期的に繰り返しているなど考える余裕など全くなかった。この時期にこのような研究をされ出版されたことは素晴らしいことと敬服している。

西岡先生は最初の出版から58年後に同じテーマで「寒暖７００年周期説」（２００８年８月７日、ＰＨＰ研究所９５０円）を出版された。もし先生が若くしてデビューしていなければ、また長寿でなければこのようなことは不可能だったろうと思うと、本当に素晴らしいことだと思う。この本に書かれている寒・暖の具体例を紹介したい。

８～９世紀の平安初期と15～16世紀の室町後期が暖期で12～13世紀の鎌倉時代と19～20世紀の江戸末期と明治が寒期だったと説明されている。寒かったケースとして１９０２年（明治35年）の八甲田山の雪中行軍のことが詳細に記されている。また鎌倉時代に足袋と風呂敷が発明されたことも紹介されている。足袋は寒さ対策のため。また風呂敷は鎌倉時代になって初めて体が湯の中にドップリ浸かって風呂に入る習慣ができたが、その時に着物を置くために敷かれた布を風呂敷と言うのだと説明されている。

暖期を証明するものとして諏訪湖の１５０７年より８年間の不凍記録をあげて

いる。この湖の「御神渡り」と称される現象は発生していないという確かな記録が残されているとのこと。この寒暖７００年周期説の中で、諏訪湖の８年連続不凍現象が私にとり一番理解しやすい項目である。

この寒暖の周期の裏付けを先生は土器の底に残された木の葉の種類、アシカやトドの動物の移住、桜の開花時期に求め、中でも一番参考にされたのは木の年輪である。先生はインターネットや新幹線のない時代に、それぞれの現地を訪ね自分で貝塚などを見、古文書を読み、写真を撮り、論文を書いている。

この本の表紙に「温暖化の原因はＣＯ２だけではない！最寒期だった鎌倉時代から数えると７００年後の21世紀半ばには最暖期を迎える。昨今の温暖化はその道筋に過ぎない」と、今日の温室効果ガスによる温暖化説に対して警鐘を鳴らしている。

私はこの寒暖７００年周期説をもっと勉強することにより、〝ＣＯ２が温暖化の真犯人であるかどうか〟を研究することを、平成24年の抱負にしたい。

《今年の抱負》

「悔しい！」

埼玉県蕨市　岡田民雄　七五歳

私は、昨年6月に、現役で「後期高齢者」の仲間入りができたことを、幸せに思っている。そして、これからも可能な限り現役として働き続けたいと願っている。そのためには、心身共に健康であることが絶対条件である。健康長寿は誰もが願う人生最高の望みであろう。

古希を過ぎた頃より「お元気ですね」の挨拶言葉を耳にするようになった。当初は、若い人には使わない言葉だけに、大分抵抗があったが最近は心地よく受け取れるようになった。

近年、学校の同期生や社会の同世代の人達の中でも、体調を崩したとか、認知症の疑いがある、等の話を聞くことが多くなった。75歳からが「後期高齢者」と言う意味が理解できるような気がする。

私は最近、「100歳までボケない101の方法」とか「空腹が人を健康にする」、「なぜこれは健康にいいのか？」といった本を読んで学び、元気で長生きして、自分、家族、会社、社会のために現役で働き、何か役に立ちたいと望んでいる。

高齢者としての生き方について、曽野綾子さん、日野原重明先生、斉藤茂太先生、又働くことの意義として稲盛和夫さんの本に教えられることが多い。

稲盛さんは「働き方」の中で、「働くということは試練を克服し、運命を好転させてくれる、まさに万病の薬」と書かれている。

又、斉藤茂太先生は、「老いは楽しい」の中で、「年をとって捨てるもの」として、「羨ましい、憎らしい、悔しい」と記している。私は、人は高齢化するとライバルも居なくなるので「憎らしい」が一番捨てやすいと思う。しかし「羨ましい」はなかなか捨て難い。ゴルフひとつ取ってみても、同世代の人で飛距離が出て、良いスコアで廻る人はやはり羨ましいものである。まして「悔しい」はもっと捨てられないのではないか。いや、茂太先生には申し訳ないが、人間最後までこの気持ちを持ち続けるべきなのではないだろうか。

私は、現在も財界で活躍されているほぼ同世代の3人の方々と、時々ゴルフをしているが、3人の腕前は拮抗しており、私だけが蚊帳の外で、それこそ悔しい思いをしている。

昨年11月にこのメンバーでプレーをし、食事の時にこの話をしたところ、メンバーのひとりが、バンカーで大叩きをしたことを思い出し、突然「悔しい！」と叫んだ。私は「わが意を得たり」と嬉しかった。そして、この気持ちこそ自分を成長させるのに、大切な要素だと感じた。「悔しい」は「憎らしい」とは異なり、誰にも迷惑をかけることはない。

これからも無理のない「悔しい」気持ちを持って自分を成長させ、「楽しい、嬉しい」年になることを平成25年の抱負としたい。

18

「新老人」になりたい。

蕨市　七六歳　岡田民雄

斎藤茂太先生は、著書『老いは楽しい』の中で、「若い頃は、明日の収穫のために頑張る時期である。しかし老いを迎えたら、もう頑張らなくても良い。」、「羨ましい・憎らしい・悔しいの三つのシイを捨てましょう。」、「若いときには若いときならではの楽しみがあるように、年をとったからこそ手に入る楽しみもある。」と高齢者に対しとても優しい考え方をしておられました。

日野原重明先生は「75歳になったら晴れて新老人」と言って「新老人」運動を展開しておられます。この運動は高齢者の権利を守ってもらおう、手厚く擁護してもらおうという運動ではありません。年寄りにしかできないこと、年寄りだからできることを年寄りの使命として年寄りの手で実現させようという運動です。「新老人」と呼ぶにふさわしい資格は、「心身ともに元気な満75歳以上の老人で、持てる能力を仕事やボランティアを通して社会の為に使っている、あるいは使える機会を窺っているいまだ現役志向の人に限ります。」、「どんなに元気であろうと、子や嫁の世話になることだけを期待している人に、この資格はさしあげられません。」、「人は生涯現役であるべきだ」と言っておられます。

曽野綾子さんは『人間にとって成熟とは何か』の著書の中で「老人なのに成熟していない人」という言葉が使われています。私には曽野さんの文脈から、「高齢化は権利でない、老人は甘えるな、自分でできることは他人に頼るな、自活せよ。」と言っているように感じます。

私の家内は昨年10月、庭で孫とボール遊びをしていて転び、右手を骨折しました。ギプスをした右手は痛々しく一ヶ月ほど全く使えませんでした。車の運転ができないので、片道30分かかるクリニックに歩いて通い続けましたが、健康に良いと前向きでした。また、字が書けない不自由も、左手でパソコンを打ち日記を付け、スーパーへの注文も、料理、洗濯、掃除も左手で器用に熟していました曽野さんから表彰されても良いぐらい自活していました。

私は3人の教えを記しました。全ての高齢者が日野原先生の提唱する「新老人」の資格をいただければ理想でありますが、人それぞれ健康状態や家族状況など事情が異なるでしょう。そこで、老後の生活は「自由選択」で良いのではないかと思っています。斉藤茂太先生の教えのように絵を描いたり、旅行をしたり、ゴルフを楽しんだりと趣味を大切にしたノンビリの老後もよく、日野原先生の体力と気力があれば「新老人」として仕事でもボランティアでも社会のために役立つのも良いでしょう。曽野さんに「成熟していない老人」と言われないように、幾つになっても「人に迷惑はかけたくない」と願い努力することが大切だと思っています。

クラス会や同期会に出席すると、とかく友人の健康や生活が気になるものです。「いくつまで働くつもりなの」、「元気なのに何でブラブラしているの」などと言ったり、言われたりするのですが、人それぞれの事情があり、いくら言われてもそうはできないことが多いと思われます。老後はそれぞれの生活を認め合うことが大切だと思います。私はできることなら「新老人」の生き方を選択したいと思っています。

「新老人」の資格をいただけるよう努力することを平成26年の抱負にしたいと思っています。

平成27年の抱負

義務感からの解放

蕨市　岡田民雄　七七歳

私が住んでいる埼玉県蕨市は、全国に８０９の市がある中で日本一が二つある。一つは市域面積が５・１平方㎞と日本一小さい。もう一つは、１平方㎞当り１４，０２０人と日本一高い人口密度である。このためにコンパクトシティーと言われている。

その市から77才以上が対象になる「お年寄りを敬う会」に、昨年９月招待され初めて参加した。市長、来賓の方々のスピーチの内容、また参列している方々の様子を見て、自分も高齢者の仲間入りしたことを痛感した。

私は招待の対象者は何人位居るのかに興味を持ち、市役所で調べてみた。何と６，２４４人、総人口（７２，３３１人、昨年９月１日現在）の８・６％を占め、さらに１００歳以上の長寿の方が29人（男３人・女26人）いることも分かった。この比率は年ごとに増えて行くことだろう。

私は77才・「喜寿」を現役で迎えられた事、ありがたく、うれしく思っている。

しかし年齢と共に体力の衰えは避けられないので、これからの生き方を変える必要があると思う。今までの自分の生活を振り返ってみるとあまりにも「・・・ねばならない」の義務感が強すぎたような気がする。

中学時代から付けている日記にしても昔は１日に一行でもよい、１週間に１日でも良いと思っていたので、空白はあるものの続けられたが、最近ではなにが何でもその日に書かねばならないと思ったり、万歩計で１日５，０００歩以上は歩こうと決めて夜にまだ達していないと、近所や家の中を歩き回って、仮に体調が悪いときでも５，０００歩のノルマを達成する。つまらないことだと思いながら性分でなかなか止められない。

「約束・時間は絶対に守る。キャンセルすることは良くないことだ」と、若い頃、体力のある時には当然だと思い、極力実行していた。しかし体力が衰えてくると、それが叶わなくなる。気持ち、気力と体力のアンバランスが年齢と共にだんだん大きくなってきている。高齢になったら「他人と比べるな」「自分の過去と比べるな」の教えもある。加山雄三は同期なのに元気で勲章までもらって羨ましいな、日野原重明先生は何年か先の講演を引き受けていると聴いたことがある、凄いなぁ、その時には何才になるのだろうか。

自分も若い頃は安倍総理程ではないが海外を走り回り別に疲れも感じなかった。その頃は時間でスケジュールを立てていたが、これからは体力に合せて立てる方が良いように思っている。

「・・・ねばならない」の義務感から卒業、自分を解放して、やれること、やりたいことで満足感、達成感が得られる生活にギアチェンジをし、少しでも社会に恩返しすることを、平成27年の抱負としたい。

平成28年の抱負

自費出版の本を作りたい

蕨市　岡田民雄　七八歳

私は、昭和12年6月25日、千葉県印旛郡富里村久能（当時）に、藤崎源之助、美佐子の三男として生まれた。

兄2人、姉が3人、妹2人の8人兄弟である。

子供のころは腕白で、窓ガラスに物をぶつけて何枚も割った。ヤカンの乗った七輪を倒すと灰が舞い上り痛快だった。そのようなことで父親にはよく叱られ、しばしば土蔵に入れられた。蔵の中でもイタズラをし、醤油を零したり、小豆と雑穀を混ぜたりして、とうとう南京袋に入れて閉じ込められてしまった。頃合いをみて、母親が迎えに来てくれるのが、無性にうれしかったことを、今でも鮮明に思い出す。

やがて富里村立國民學校第一分教場に入学。茅葺きの木造校舎で、教室は3つ。1年、2年は同じ教室で、1人の先生に教わった。

2年生の時終戦になったが、玉音放送を聞いていない。同世代で聞いていない人はほとんど居ないが、その時間どこで何をしていたのか全く記憶にない。

小学校5年からは成田に通った。久能からは4キロきり離れていないが、言葉使いで、初めてカルチャーショックを味わった。

中学も成田で、中3の昭和27年6月13日より日記を書き始めた。貿易の仕事をしていた時には海外出張などあり、大分空欄の箇所もあるが、今では三度の食事のように日記を書くことが生活の一部になっており、苦にならない。また、過去を思い出すには最高の武器であり愛読書としてよく読み返している。

高校は佐倉一校（当時）に入学、1年生の昭和28年8月6日に、当時16歳で取れた小型四輪免許を取得して、時々車で学校へ行き、皆を驚かせた。また化学クラブに所属し、学校祭とは別に化学祭を催し、校長先生に褒められたことも、嬉しかった思い出である。

大学は慶応義塾で専攻は文学部史学科西洋史であった。サークルは、文化地理研究会。西岡秀雄先生引率の元、四国、中国地方、佐渡、北海道の旅行を楽しんだ。また4年生になり、東北、九州一周のバイク1人旅も、強烈な印象として残っている。

昭和35年に日本ルツボに就職。国内営業、海外営業、築炉の仕事をした。

昭和38年、婿養子として岡田眞理子と結婚し、岡田姓となる。

一時日本ルツボから離れ、久能カントリー倶楽部で兄を手伝ってコース建設、会員募集をし、オープン後は総支配人として、お客様をお迎えした。

平成7年に日本ルツボに専務として復帰して翌年社長に就任した。その後、立場上、講演の依頼や随筆を書くことも多くなった。

20年を経て、それらの原稿や雑誌に掲載された文章などが結構な量になったので、本に纏めてみようかなと思い立った。何分にも、拙文ばかりではあるが自分が生きた証として残すことも良いのではと考え、平成28年の抱負（計画）として、自費出版の本を作りたいと思っている。

平成29年の抱負

「感謝の気持ちで・・」

蕨市　岡田民雄　七九歳

私が取締役会長として勤務している日本ルツボ株式会社は金属を溶解する器である坩堝、耐火物、非鉄の溶解炉や焼却炉の炉修工事をしている会社です。年商約80億円、社歴は古く創業は明治18（一八八五）年で今年で132年目を迎え、東証2部に上場している会社です。

私は昭和35（一九六〇）年、入社しました。最初は製鉄会社担当の営業マンでした。次に貿易を担当し約10年間海外を飛び廻っておりました。その後は炉を製作・販売する日坩築炉工業株式会社という子会社に出向していました。一旦日本ルツボを退職し、久能カントリー倶楽部に勤務しました。コースの造成、クラブハウスの建設を手伝い、会員募集をやりました。オープン後は総支配人としてお客様をお迎えしていました。7年半後の平成7年に再び日本ルツボに復帰し専務、副社長を経て平成8年に社長に就任しました。平成19年に会長になり現在に至っております。79歳になる現在も現役として働けていること、本当に有難く感謝の気持ちで一杯です。本年6月25日に人生の大きな節目である80歳になります。何とか元気に迎えたいものです。そして引続き何らかの立場で日本ルツボのために役立てたらうれしく思います。

慶久会という会の幹事をしています。慶久会は昭和35年に慶應義塾大学を卒業し、私がいた久能カントリー倶楽部にメンバーとして登録されていた人を中心に作られた会です。慶久会の名前の謂れは慶應の「慶」と久能の「久」を結び付けたものです。

会長はJXホールディングス株式会社渡文明名誉顧問です。会員には横河電機の内田勲元社長、小糸製作所の加藤順介元社長、山武の佐藤良晴元社長、ディスコの関家憲一元社長、それに日本航空電子の飯野英男元副社長、富士通の田中益雄元副社長、IHIの岩本顯一郎元副社長、日立製作所の八木良樹元副社長、東京電力の荒井晃元常務、その他に元ソニー、元大臣秘書、元日商岩井、元日本興業銀行、元日興証券、元いすゞ、自営業の方、女性も学生時代に卓球で活躍された井手美代子さんなど錚々たる顔ぶれが19名おられます。

以前は気候の良い春・秋には久能カントリー倶楽部や他のコースでゴルフをし、夏・冬にはタウンミーティングと称して交詢社などで夜の会合をしていました。しかし最近ではゴルフを止めて、春・秋の平日の昼間に帝国ホテルの中にある東京三田倶楽部にて3時間を超えるような長い長い集りをしています。

私は日本ルツボで働けること、錚々たる会員のいる慶久会で幹事役を務められること、また日常生活の中で、感謝の気持で日々過ごせるようにすることを平成29年の抱負にしたいと思っています。

一緒懸命〈2018年の抱負〉

蕨市　岡田民雄　八〇歳

「一生懸命」、「一所懸命」に加えて、「一緒懸命」と言う言葉があることに最近気づいた。これは故斉藤茂太先生が使っていた言葉で大変いい言葉だと思う。

80年の自分の人生を振り返ってみてどんなことがこの3つの表現に当て嵌まるかをトライしてみたいと思う。

学校の担任の先生

昭和19年に入学した頃は戦時中だったので、今の小学校は國民學校と呼ばれていた。私は千葉県富里村久能と言う田舎で育ったので近くの分教場に入学した。校舎は藁屋根の寺子屋を思わせるようなものだった。子供の数が少なかったので、1年生と2年生は1つの教室で1人の先生。担任は女の秋山先生だった。3年生になり吉岡満子先生。4年生は相川日出男先生。相川先生は私たち子供を村の神社に連れて行き、お札の入っている石の扉を開けて中を見させ、「紙しか入っていないではないか、なんでそんなものに頭を下げるのだ」と言われた。それまでは何も知らずに頭を下げていた私たちは、頭を下げなくなってしまった。それが後で大人たちに問題になった。

分教場は4年までしかなく5年、6年は村の本校に行くか、町の学校に行くかであった。私は成田小学校を選び5年4組に入れてもらった。5年・6年は横田とき先生。

中学は自動的に成田中学校。1年は今井義武先生。小学校から高校までで1番怖い先生だった。殴られたり座らされたりよく叱られた。それだけに1番一生懸命に私たちを教育し、育ててくれたのは今井先生であり、今でも有難く感謝している。2年生は山田恭子先生。書道の先生だったので、その頃もっと字を習っておけばよかったと今後悔している。3年生は秋山カツエ先生。

高校は佐倉一高(現佐倉高校)。1年は磯村彰先生。2年は市川浩先生。英語の先生で今もご健在で、年賀状の交換をしている。高校は毎年クラス編成があった。高校の3年も再び磯村彰先生だった。高校の3年間は化学クラブに所属して宮川栄一先生にご指導戴いた。

大学は慶應義塾大学文学部史学科であったが、「4年間で日本一周」のキャッチフレーズを持つ文化地理研究会と言うサークルに専ら参加し、西岡秀雄・糸子先生引率の下、佐渡、四国、東北、北海道・・などの旅行でお世話になった。

これら担任の先生方に1年ないし2年に渡り、「一生懸命」に教育し、育てて頂いたものと思っている。

子供の頃の遊び

ベーゴマ、ビー玉、メンコ、投げゴマ、石蹴り、竹馬、竹バットの野球、鬼ごっこ、かくれんぼ・・など。

私たちの子供の頃は殆どの遊びは屋外だった。しかも必ずと言っても良いくらい仲間が必要だった。ここでは仲間たちと「一緒懸命」に遊んだ。と言えるだろう。

父の教え

実父藤崎源之助は近衛第一連隊の軍人であったことを大きな誇りにしていた。

それだけに子供たちにも厳しかった。

前記したような遊びでは、私はいつもガキ大将的な存在でイタズラ坊主だった。私は父によく叱られ土蔵に入れられた。その父が口にしていた言葉に次のものがある。「踏まれても根強く忍べ道芝のやがて芽の出る春を待つべし」、それに「倒されし竹は何時しか起き上がり倒せし雪は跡形もなし」。父は若いころに大分苦労したようだ。多分この言葉で自分を元気付けていたことだろう。私も若い頃には、この言葉を思い出し自分を鼓舞したものだ。父は「**一生懸命**」しつけ、教育してくれたと思う。

運転免許証

私が小学校の頃に、家は製材業をしていた。材木を運ぶための木炭で走るトラックがあった。運転手の隣に乗せてもらい、登り坂でゆっくり走る時などに立ってハンドルを握らせてもらいすっかり運転手気分だった。

中学の頃にダットサンが入ってきた。兄に教わりながら中3の頃には1人前に運転が出来るようになった。ある暑い日に成田の警察署長が父を訪ねて来た帰りに、父が「子供は運転は出来るがまだ免許証は持っていない。町の入口まででしたら大丈夫なので送らせましょう」と言った。父はお客様が警察署長であることをすっかり忘れていたようである。私はその通り田舎道を3km程走り町の入口まで送った。帰りに「気を付けて帰りなさい」と言われた。高1・16歳の1953（昭和28）年8月6日に免許証を取得できた。この頃は小型四輪と言う種類があって16歳でも取得が可能であった。高校時代にも仲間と銚子方面や県内ではあったがよくドライブをした。学校にも時々乗っていったが、全校生徒で車に乗れるのは私1人であった。大学の3年・4年は専らバイクを楽しんだ。先ず小手調べに千葉県一周を試みた。4年の夏休みに東北一周を計画したら母に猛反対された。兄に買ってもらったバイクだ。兄は大丈夫だからと母を説得してくれたが母の心配は止まない。父はそんなに行きたいのであれば仕方がないの思いだった。1959（昭和34）年の夏休みに東北一周、次の年の春休みに九州一周をしたことが今では忘れられない思い出である。これも免許を取れたお蔭である。

これは運転免許取得という言う所に1点集中なので「**一所懸命**」と言えよう。

会社での仕事

私は1960（昭和35）年に日本ルツボに入社し、国内営業、海外事業、築炉事業に在籍して、その後7年半ほど久能カントリー倶楽部に勤務をした。1995（平成7）年に日本ルツボに復帰し、専務、副社長、社長、会長をして2017（平成29）年6月に80歳で取締役会長を退任して現在相談役をしている。日本ルツボ、久能カントリー倶楽部での仕事は自分一人で出来たことは全くなかったと思う。上司、後輩、お客様、商社の方、外注先の方、仕入れ先の方、・・常に誰かと一緒だった。従って会社での仕事は「**一緒懸命**」したと言えよう。この「**一緒懸命**」は子供の頃の遊びで培われた事が多かったと思う。

技術者と「**一緒懸命**」新製品の開発をする事を2018（平成30）年の抱負にしたい。

＊

13

開発は不可能を可能にす

岡田　民雄

社団法人日本非鉄金属鋳物協会は発展的に解散し、社団法人日本鋳造協会と統合することに決まった。従って「非鉄鋳物」誌はこの号が最終号になる。長年続いてきたものだけに一抹の淋しさがある。私はこの記念すべき号に記載させていただけることに感謝を込めつつ「開発は不可能を可能にす」の表題のもと、日頃思っている開発・発明のことに関し記したいと思う。

この表題は昔、慶應義塾の塾長であり、天皇・皇后両殿下のご成婚に深く係わられた小泉信三先生のお言葉「練習ハ不可能ヲ可能ニス　信三」をヒントにして私が作った言葉である。

鋳造業界ではこれまでに、開発・発明された技術・製品・設備にどんなものがあるのだろうか。世界、日本、日本ルツボでは、の順で振り返ってみたい。

世界では：世界的に見てもこれまでに一番大きな開発・発明は、ダクタイル鋳鉄だと私は思う。もしこの技術・製品がなかったら、産業界に於ける今日の鋳物の地位は得られなかっただろうと思う。その他ではキュポラや誘導炉の溶解設備の技術、自動注湯、ダイカスト、低圧鋳造の鋳造技術、自動造型、シェルモード法、コールドボックス法、フルモールド法などの造型技術、フラックスや長寿命耐火物の材料技術などの開発が挙げられよう。これらには、以前不可能だったことを可能にし鋳造業の発展に大きな貢献をもたらしたと思う。

日本では：日本オリジナル開発・発明の技術・製品にどんなものがあるか、残念ながらほとんどの基本技術は海外から導入されたものである。ただ日本人は器用な国民であるので、改善・改良・応用の技術開発は多くあり鋳造技術レベルは世界でも高い位置を保てている。このような中にあって、私は、早大の中江秀雄先生、鋳造工学会の木村博彦会長、当社技術顧問の神尾彰彦先生にお尋ねしたところ、すぐに思いつくのは「V－プロ」と「人工砂」かな。更に、草川隆次先生のCaによる球状黒鉛鋳鉄、日立製作所の西山大喜夫氏による砂型のN－プロ、新山英輔先生の鋳造CAEの開発も日本独自のものである。まだよく調べるといろいろあるのではないかとのことでした。私は我田引水になり恐縮ですが、当社が東京ガスと共同開発した「ジェットメルター」と国内並びに世界数カ国で特許を取得している「メルキーパー」も日本オリジナル開発製品に加えさせていただきたいと考えている。

日本ルツボでは：当社は明治18年（1885）の創業で大変に古い会社である。創業時はベンチャー的存在で、その年にロンドンでの国際発明展に出展した記録として、メダルが残っている。他に明治・大正・昭和初期に発明・表彰等で取得したメダルが15個本社応接室に展示してある。

当社の戦前のカタログを見るとPL式黒鉛坩堝という項目がある。それによるとPLとはPARALLEL LAYER GRAPHITE CRUCIBLEの略だとある。

クレーボンド坩堝の鱗状黒鉛を水平方向に並べることにより以下のような三大特徴が得られた。

1. 溶解時間の早いこと（53分が35分に）　2. 燃料が経済的になること（2.5ガロンが1.6ガロンに）　3. 耐久性に富むこと。更に今の私共には考えられない説明がされている。「可鍛鋳鉄及び特殊合金等の如く特に高温度にて比較的短時間に溶解すべきものには本製品の賞揚せらる所以であります。」と。

このPL式黒鉛坩堝の開発は鋳造業界に大きな貢献をし、日本ルツボの業績に大きく寄与したと昔を知る先輩から、私は聞かされていた。

私が入社した1960年頃より当社は製鉄会社向けに次々に新製品を開発した。

1．ストッパーヘッド；坏土は真空オーガーにより混練・脱気され、成型時には玉葱状に黒鉛が並べられるので対スポール性も非常によく、割れにくい製品である。現在も鋳鋼用取鍋には使用されている。
2．黒鉛定盤；鋳鉄製の定盤に黒鉛坩堝材質のレンガを埋め込みインゴットと定盤の焼付きを防止し、33tもあるようなインゴットの生産を可能にした。
3．黒鉛質コーチング材（デラール）；黒鉛定盤の周囲の鋳鉄部に塗付しインゴットの焼付きを防止するものである。液体に微粉黒鉛を入れているので粉体が沈殿してしまうと塗付が難しくなる。私は自分のアイデアで沈殿させない為にタンクを空気でバブリングさせてみたが翌日液体が全部蒸発してしまい大失敗だった。技術部門とも相談したが耐火物と関係ないため取り上げてくれなかった。私は自分で開発すべく、机の上に試験管を並べいろいろな分散剤を入れ実験をしていた。たまたま外部の人がそれを見て「自分は琺瑯屋なのでこの道の専門家だ。」と言われた。氏がサンプルを造り持参したので早速試験管で沈降実験をしてみたが、全く分離はしなかった。その人に生産委託をし大量に販売できた。その人と日本ルツボの1株5円配当はデラールの利益で払えるねと話し合った程であった。因みにデラールと言う商品名はユーザーで使用している作業者から募集したもので語源はデラックスゾルである。私が係わった開発商品であったが鋼の生産が連鋳になり残念ながら商売はなくなってしまった。
4．炉口煉瓦；転炉の炉口部に黒鉛質の耐火物を使用することにより付着したスプラッシュが取り易くなった。
5．炉底煉瓦；高炉の底部は水冷で寿命延長をしている。そこに黒鉛を原料として使用することにより高熱伝導のレンガを開発し冷却効果をより良くできた。
6．樋材；高炉が大型化し、高寿命耐火物が求められ、配合技術、硬化技術が開発された。これらの技術はドイツ、ブラジル、メキシコにライセンスし、34年経過した今も有り難いことに継続している。

鋳造向け製品では

1．ニッカン・Gパックス；

a）粉体で出荷

当初は日坩パックスと言う製品名でキャスタブルと同じようにドライ材で出荷した。と言うのは水はどこにでもある。水に運賃をかけるなんて勿体ない。また鋳物屋さんはどこにでもミキサーはあるので、必要水分量を指定してやればお客様が自分で練って使ってくれるだろうと考えたからである。当時は「ワタナベのジュースの素です。」とエノケンがラジオで広告をしているような製品があった。ジュースの素になる粉末をコップに入れ水を加えて飲むもので、日坩パックスもこれと似た発想であった。

日坩パックスは技術サイドでは斉藤和夫先輩が開発した新製品であったが、市場に普及するためには、技術サービス室に所属していた私が担当することになった。これを縁に私は製品開発に大変興味を持つようになった。

入社2年目の私が大館弘哉君という新入社員を連れ、昭和36年当時東京大田区にあった共栄特殊鋳造という鋳物屋さんで鋳物砂用の混練機でドライ材を仕様書通りに10%の水を加え回転

工所

させたところ、しばらくして粘性が増し、モーターがウー、ウー、言い回転が鈍くなった。近くにいた現場の人に「モーターが焼けてしまう」とどなられた。私は大館君に「水を入れろ」と指示をした。やがてパックスはモルタルみたいに軟らかくなり、混練機のローラーはスムーズに回り出し、モーターは焼けることはなかったがその後の掃除に難儀した。粘土なので水をかければ汚れは落ちると思ったが、とんでもないことで水は全く浸み込まない。混練機の中に2人で入り、削っても削ってもこびり付いた粘土層はなかなか取れなかった。現場の人から「もういいから帰れ」と言われた時には本当にうれしかった。

b）練り物で出荷

お客様側で混練するには大変難しいことであると知った私は御船工場（当時）に練った状態で出荷して欲しい旨、お願いした。工場では混練は容易に出来るが、ブロックにするのに大変な苦労があった。L字型の木枠をコッターで止め四角の箱を作り、そこに混練したパックスを入れ上から兎の餅つきみたいに棒状の杵で搗き固める。そしてコッターを抜き、ブロックを取り出し乾燥しないようにビニールシートで包み段ボール箱に入れる。30kgあるブロックを箱に入れるのに2人がかりであった。1人がブロックを持ち、1人が段ボールの蓋を開けて押さえている所にドッコイショと入れるのである。固定観念で入れるものは上から入れたいという気持ちがあるものだ。その後は軽い段ボールをブロックに被せ、引っ繰り返し蓋をするように改善した。この様な生産方法だったので、生産性は極めて悪かった。

練ったブロックを納入したが、また困ったことが起きた。キュポラの内張りに使うのに当然30kgの塊を一度に使えないので、切って小さくしなければならない。当初はピアノ線で切るなんて発想が全くなく切るものはスコップだと思い込んでいた。軟らかく、粘性、厚みがあるので、どうしても切れない。仕方なく、毟り取って使った。

C）ビニールシートを挟んだ！

切ったものを出荷してもらったが「しまった」と言うより「笑っちゃうような」単純ミスだった。在庫しておいたら加重で、元通り付着してしまった。そのため新たにビニールシートを挟んでもらうようにした。これで大変使い良くなった為、キュポラと取鍋の炉修に順調に使われだした。

d）黒鉛を入れた。

川口にあった関口鋳造だったと思うが、大館君と訪ね、施工指導している時に「日坩でも白いものをやれるのか」と言う言葉を私は耳にした。日本坩堝は黒鉛坩堝のメーカーである為「黒い」イメージがある。黒くした方が売れるのではないかと思い、当時技術のトップだった杉山巌大先輩に「墨汁でも良いから黒くしていただきたい」と直訴した。「墨汁というわけにはいかないが本社にいっぱい廃坩（使用済みの黒鉛坩堝）があるだろうから、それを御船工場に送ってみてほしい」と言われた。この廃坩を粉砕し、配合したパックスは、東京オリンピック景気もあり、また昭和38年頃より、安川亮助課長、大館弘哉担当に資材課より営業に変わって来た佐瀬幸重君も加わって、営業の強化とで販売も順調になった。そのため廃坩だけではとても間に合わず、使用済みのストッパーヘッドも私が担当していた川鉄・千葉でも集め、ドラム缶に入れ御船工場へ送ったのであるが、それでも量の確保は難しかった。丁度その頃、武田健三技師が土状黒鉛に置換することを研究し、供給不安定なスクラップから安定な原料にでき、生産も順調になった。

名前もいつの間にか「G－パックス」と呼ばれるようになり、鋳鉄工場では必要不可欠のものとしてどこの鋳物屋さんでも常備薬のように「スーパー3000」のモルタルと共に「G－パックス」が見られるようになったことは大変有り難いことと感謝している。

昭和30年代には耐火物と言えばレンガのことであった。レンガは補修材としての使用には大変不便なものである。キャスタブルはあったが使用時に混練すること、また型枠が必要であるが、その点パックスはすぐに使用でき型枠も不要、少々急速乾燥しても爆裂の心配は全くなく、補修材としては最適なものであった。当時は画期的なものであり作業者からは大変重宝がられおもしろいように売れた。

私は若い時に、このG－パックスの開発に関係できたことを本当に有り難いことだと思っている。しかも48年も経過した今でも売れ続けていることを考えるとメーカー冥利に尽き感慨無量である。

2. アルミ溶湯搬送取鍋・ポットリーベ；

従来、インゴットを購入し自社で溶解使用していたものをダイカスト、グラビティー、低圧鋳造をしている会社ではエネルギー節約の為溶湯にて購入するケースが多くなってきた。当社では搬送に公道を走るため安全で輸送時に温度降下の小さな取鍋を開発した。現在は日本だけでなく中国にもライセンスし、使用されている。

3. ジェットメルター

昭和46年に東京ガスと共同開発し、急速溶解炉のパイオニアとして、ほとんどの大手ダイカストメーカーで採用され、大量生産に大きな貢献をした。また耐火物として、気孔径が極端に小さいため、アルミ溶湯やスラグの浸透、付着の少ないAR煉瓦を開発し炉寿命を延ばすことができた。昭和49年に日本瓦斯協会より太田賞を受賞している。

ジェットメルターの特長はタワーがありその中にあるアルミインゴットやリターン材を排熱で予熱するので省エネになるのであるが、私は敢えて将来「タワーレスジェットメルター」を開発したいと考えている。

4. メルキーパー

経済産業大臣賞など６つの賞を受賞した炉である。坩堝を使って連続的に溶解ができるようにした世界で初めての炉である。連続的に溶湯を必要とするダイカストにも安定した温度での供給が可能になった。

5. 溝付坩台（エコ坩台）

メルキーパーの溶解坩堝は胴部にタップホールがあるため下部の加熱が特に重要である。従来の一体物の坩台では底部に炎が入らず加熱が不充分であったので、筒状の坩台の上部に横溝を付けた。底部の加熱が容易になった。現在はこの溝付き坩台（エコ坩台）は一般の坩堝炉にも使用されている。

6. アルミバス

本田技研と共同開発をした保持炉に使用している。一般常識と異なりバスを二重層に成型し内側にSiC質の高熱伝導、高強度の耐火物、外側にアルミナ質の断熱系の材料を使っている。特長としては天上からの加熱の場合高熱伝導の壁を熱が下に伝わるので溶湯の上下の温度差が小さくなる。また壁面の強度もあるので掃除がし易く、炉寿命が長いことである。

私はこのバスを利用し更に効率の良い保持炉を開発中である。成功できるかどうかは全く未知ではあるが「テストに失敗はない、やることに意義があるのだ」の精神で開発に立ち向かっていきたい。今私が考えているキャッチフレーズは「カチカチ山印の背面排熱利用保持炉＝アルホルダ」である。

7. アルキーパー

私が日坩築炉工業に出向していた昭和59年頃に東京ガスと共同開発した炉であり、名前は東京ガスよりいただいたものである。構造は2本の浸漬ヒーターチューブを溶湯の中に入れチューブの中をガス炎で加熱するものである。東京ガスのシングルエンドバーナーに当初は他社の浸漬ヒーターチューブを使用していたが、その後は当社が開発したチューブを使用し、寿命も

1年とか2年と安定している。この炉の特筆すべき特長は、間接加熱のため酸化物発生が少ない、昇温能力が大きい、エネルギー原単位が低い、深さが十分取れるので省スペースである、2t以上の大型化も容易にできる。耐火物がしっかりしているのでタップホールの損傷少なく、溶湯材質の変更が容易等である。

今も根強い需要がある。後のメルキーパーの名前はこの炉をヒントに私が付けたものである。

8．直接通電加熱式ルツボ炉：エレクリンポット

黒鉛ルツボに直接電気を流し、ジュールの法則で発熱させる画期的ルツボ炉である。鋳造工学会での子供鋳物教室では室内でバーナーが使えないため溶解炉として、このエレクリンポットをよく利用していただいている。

現在アルミ炉として500kg容量で6ヶ月耐用を目標に研究開発中である。

9．ゼブラックス：縦縞模様の坩堝

縞馬のように坩堝表面に縦縞を付けることにより表面積を増し、また表面に凹凸があることで、ビル風が起きるように火炎は乱流になり、炉内での滞留時間が長くなることにより熱効率は良くなる。これまでのテスト結果では表面積が約30%増えることにより効率は8%～11%良くなっている。

当社の坩堝は長年フェニックスという名称で親しまれているのでそれに似せ、また縞馬（ゼブラ）模様からゼブラックスとした。

10．カセットリーベ：カセット式取鍋

坩堝のような成型体を取鍋の中に挿入し、鉄皮とその成型体の間に湯漏れ防止と断熱のため砂を充填する。成型体が損耗したらカセットのように入れ替えて使用する方式。私はこれを更に改良発展のため電熱パネルヒーターと組み合わせ、溶湯温度降下のより小さなカセットリーベを開発したいと考えている。

製造技術では当社が世界で一番早く坩堝製造に「CIP」を採用したことであろう。このために坩堝の寿命は飛躍的に向上しマーケットシェアも大幅に伸ばすことができた。

私の父、岡田眞雄は技術担当専務であったが、御船時代に水簸粘土を搾るフィルタープレスを、築炉時代に球面軸受を応用して可傾式坩堝炉を、大阪工場時代には前述のストッパーヘッド用の真空オーガー、を開発した。

私も父に見習ってこれからも開発に挑戦し、鋳造業界のために不可能を可能にするような製品開発・技術開発をしてきたいと思っておりますのでご支援の程お願い申し上げます。

一般に溶解炉と取鍋は別のものと言われている。それを私は一体化できないかと考えている。そうすれば設備が少なくてすみ、省エネになり、品質も良くなると思う。坩堝炉のバーナーを着脱式に設計すれば、溶解時はバーナーを使用し、取鍋として使う時にはバーナーを切り離すことで可能になると思う。

開発にはパートナーが必要です。アルミの砂型、グラビティーをやられている方。是非声をかけてください。一緒に開発をやりましょう。開発に成功した時には名称を「メルキャスト炉」としたいと今から考えている。

（日本ルツボ株式会社　代表取締役会長）

随想

寒暖700年周期説

岡田　民雄＊

ー西岡秀雄学説ー

1956年（昭和31年）から4年間，私は慶応義塾大学に在学，その間「文化地理研究会」と言うサークルに所属した．ここでは，「4年間で日本一周」のキャッチフレーズのもと，春休み・夏休みを利用して西岡秀雄・糸子先生の引率で日本国中をあちこち旅行した。糸子先生は1982年（昭和57年）63歳という若さで亡くなられたが，西岡秀雄先生は本年8月1日97歳で大往生された。先生には，学生時代ばかりでなく卒業後も大変お世話になった。我が社に来ていただき「学校で教えなかった話」と題したご講演をしていただいたこともある。

10月1日，「文化地理研究会」時代の有志106人が集い，思い出の慶応義塾大学三田校舎101番教室にて「西岡秀雄先生お別れの会」を行った。

先生のご長男で大阪におられる西岡信雄様（元大阪音楽大学理事長・学長）にお越し頂いた。挨拶で「父は明るい人だった」のでと前置きされ，お父様である秀雄先生のことを音楽家らしく楽しく語られた。「社会に流され易い人だった。」「歌・フォークダンスが好き，リズムは三拍子が好きだったが，それはシュトラウスの影響だったのだろう。」「家事・洗濯は何もやらない，浮世離れした人だった。」「肉体的には健康だったが，敢えて病気と言えば収集することで」，信雄様の子供の頃は「先生の枕元には骸骨が並び，ベッドの下には土器の破片，家の中は収集物で一杯，母（糸子先生）は大変に苦労したようだ。」「特定の専門分野は持たず幅広い雑学家であった。」，そして「とにかくハッピーな人だった」と結ばれた。

つづいて，大田区郷土博物館長時代から秘書をされて来た谷珠得孔様は，“先生は昭和54年（1979）から22年間，大田区郷土博物館の館長さんで，その間，日本トイレ協会の会長もされていました。先生93歳の時，骨折で6ヶ月程入院はされましたが，翌年には「寒暖700年周期説」を出版されました。カラオケが大好きで「カラスが鳴かない日はあっても先生が歌わない日はない」と言われる程楽しく過ごしておられました。ここまで生きて来られたのだからとおっしゃって延命策はいやだと拒否，ご自分でサインをされました。最後は眠るように息を引取り，大往生だったそうです。”と語られた。

参列者からは，加藤隆康君（S39年卒）の司会進行で，大矢裕康先輩（S31年），安田篤弘先輩（S32年），馬場紘二君（S39年）がそれぞれ追悼の言葉と思い出を話された。私（S35年）も加わり，先輩の安田さん，後輩の上野昌宏君（S37年卒，お別れ会の総合企画者）と先生を昨年お訪ねした

＊　日本ルツボ株式会社　代表取締役会長　T. Okada

時,「700年周期説は，先生がお考えになられたものですよね」とお尋ねしたら,「そうではない」と返事され，私はハッとしましたが，その後すぐに先生は「年輪が教えてくれた」と続けられ，まだまだ冴えておられると感じました。これが先生との最後の会話になってしまいました。先生が学生時代から自分の足で現地を訪れ，古い文献を読み克明にカメラに納め長年に亘り研究された「寒暖700年周期説」を風化させることなく今の世に普及させていくことを先生の遺影に誓い，ご冥福をお祈り致しました。

西岡秀雄先生略歴

1913年（大正2年）10月6日仙台にて誕生
1939年（S14年）慶應義塾大学　文学部史学科卒業
1940年（S15年）陸軍航空隊に入隊
1947年（S22年）小泉信三塾長秘書
1949年（S24年）慶應義塾高等学校教諭　兼文学部講師
文化地理研究会会長
1955年（S30年）文学部助教授（経・法・工学部兼任）
1960年（S35年）「気候700年周期説の研究」で慶應義塾賞を授与さる。
1964年（S39年）文学部教授
1968年（S43年）より2年間　タイ・チュラロンコン大学主任教授
1979年（S54年）大田区郷土博物館館長（2001年まで）
1985年（S60年）日本トイレ協会々長
2011年（H23年）8月1日ご逝去　享年97歳

その他公職多数，著書は雑学王と呼ばれていただけに研究分野も多方面に亘り，また長寿だっただけに数え切れない程残された。

新聞や雑誌で取り上げられた西岡先生の追悼記事は，ほとんどが「トイレ博士」としてのことだった。例えば「パリのトイレットペーパーはパリパリと音のするハロトン紙のようだった。」,「文化や食事が違えば処理の仕方も変わる。」,「紙を使うのは世界人口の3分の1で，平安時代は蕗の葉を使っていた。」,「『拭き』は『蕗』に由来する。」など，学生時代から「考古学を航空学と聞き違えて航空隊に入れられた」と同じように何度も何度も聞かされた言葉である。

西岡先生が亡くなられたことで私は昔を思い出し無性に「寒暖700年周期説」の勉強をしてみたくなった。自分の持っている本を調べてみても見つからなかった。何人かの友人に連絡してみたが学生時代の教科書として使用していたものを持っている人はいなかった。そこで久しぶりに母校三田の図書館を訪ねた。コンファレンスサービスの方が親切に沢山の先生の著書を検索して下さったので，私は膨大な蔵書が保管され迷路のような書庫の中から目的の数冊を見つけることができた。その中で，私が探していた「気候変動について書かれた最初の本，寒暖の歴史」を見つけた時,「これこれ，これだ！」と大変な感動を覚えた。茶色への変色がより重みを増した。

1.「寒暖の歴史－日本氣候七百年周期説」: 1949年（S24年）9月20日，好學社，240円
2.「日本人の源流をさぐる－民族移動をうながす気候変動－」: 1985年（S60年）2月10日，セントラル・プレス社 2,952円
3.「寒暖700年周期説」: 2008年8月7日，PHP研究所，950円

ここでは，著書の原文を引用しながら上記3冊について紹介したい。この小文を読まれた方，是非最新版「寒暖700年周期説」を手に取りご覧いただきたいと思います。

1．寒暖の歴史

はしがき

日本の過去3千年の歳月の間に，約7百年毎に寒暖の波が4回も繰り返し繰り返し訪れており，近年は江戸末期の寒暖の谷底から約百年経ったところに位置し，西暦22・3世紀に到来予定の，第5回目の最暖期へ向かう上昇途上にある，という寒暖の波に関する現象が最近実証された。これは昭和21年12月より昭和23年3月までに，私が自然・人文両方面の学会に発表を重ねて来た，いわゆる「日本氣候七百年周期説」あるいは一般から単に「西岡学説」などと呼称された新学説であ

り，本書はその資料を纒めてなるべく平易に紹介を試みたものである。

しかもこの3千年にわたる寒暖の歴史を説くに用いた資料は，先史時代の考古学資料を初め，歴史時代には数多くの古文献とかあるいは老樹の年輪調査資料に及び，その内容から言えば氣象学・地球物理學・海洋學・動物學・植物學を初め，考古學・史學・民族學・言語學・建築學・漁業経済學・社会學・地理學など各方面に関連を有している。したがってそれぞれの専門家から観れば，本書には解説が冗長すぎたり，資料の利用説明なお不満足な点も多々存することと思うが，その点は本書の性質上御寛容を請う次第で，別の機会に成し得る限り改めて行きたいと思っている。

それはともかくも，この生まれたばかりの「氣候七百年周期説」は，本書に明かなる如く餘りにも関係する所が広く，その成長の前途には未解決の問題があまた潜み，波瀾の多きことと予想されるが，読者諸賢の御懇切なる御教示御叱正を得て大成する日の近きを願うと共に，更に自然科學と人文科學が合流して，綜合科學としての研究も亦重要である一例として，拙論を育て上げて下さるならば，筆者望外の幸せとする所である。～略～

2．日本人の源流をさぐる

気候変化の周期（104ページ）

人の機嫌の変わりやすいことを「あの人はお天気でネ」と例えるほど，晴雨とか寒暖とかを含めた天候は，一見まことに不規則で予測しがたい変化をしている。しかしながら，昔から「歴史は繰り返す」と俗にいわれる通り，寒暖の現象も時間的に長い目で眺めると，かなり複雑な変化脈動をしながら，いろいろの周期を持って繰り返している。～略～

一日間における昼夜の寒暖，変化の現象を，学者は「気温の日変化」と呼んでいる。　～略～最寒月と最暖月が描く1年を通じての寒暖変化の波を学者は「気温の年変化」と称している。気温は1日の周期と共に1年の周期を絶えず繰り返されて来ているが，更に長い目でこうした寒暖変化のみならず，いろいろの気候変化を眺めてみると，そこには各種の周期を持った波が認められるのである。例えば短い波では太陽黒点の周期の5分の1に当たる2.2年周期とか，太陽黒点に密接に関連すると思われる11年周期　～略～　35周年，510年・・・以上のような波を「気候の永年変化」と称する。　～略～　私が本書で展開する約700年を1波長とするような長周期の寒暖変化の現象は私が学界で発表するまでは欧米でも未知のものであった。

3．寒暖700年周期説

＜この本でも8～9世紀の平安初期と15～16世紀の室町後期が暖かく12～13世紀の鎌倉時代，19～20世紀の江戸末期から明治にかけて寒かったと説明している。寒かった時，暖かかった時の事例が記されている（55ページ）。＞

明治35年（1902年）。日露の大決戦を目前にして，日本の軍部は，もしロシア軍が日本に攻め入ってきた時のことを考え，八甲田山中に陣を構え，そこで敵を迎え撃つことができるか否かの検討を迫られていた。この際，机上の空論など，ものの役に立たないことは火を見るよりも明らか。とすれば，実際に，八甲田山中の雪中行軍を行ってみるしかない。命令は，神田大尉率いる青森五連隊と徳島大尉率いる弘前三十一連隊との双方に下される。2つの隊に功を競わせることで，士気を高め，雪中行軍を何としてでも成功させようというのが上部の狙いであったのだ。途中経過は省くことにしよう。結局，弘前三十一連隊は，地元の地理に詳しい道案内人を信頼し，しかも少人数の小隊編成とした。また水筒は水をいっぱい入れないで，歩行する度に水が揺れて凍結を防ぐといった細心の注意をしたため幾多の苦難はあったものの雪中行軍をやり遂げる。

しかし，青森五連隊の方は惨めであった。地元の案内人は用いず，本来中隊の指揮をとるのは神田大尉であったのだが，オブザーバー的な存在として加わっていた山口大隊長が何かにつけて口を出して指揮権が一本化できない。おまけに，中隊編成という大人数なので，小回りが利かない－そうした悪条件が重なって，ついに遭難してしまったのである。当時の最低気温は氷点下25度という酷寒。そしてそれに加えて風雪をさえぎるものは何一つなく，頭皮は氷柱と化し，眉は凍結して頭皮につながり，眉毛も凍って目が見えない状態となる。折からの猛烈な吹雪と寒気の中でバタバタと兵隊が倒れていったのも不思議はないのである。

足袋・風呂敷の発明（72 ページ）

厳寒の時代が発明の母となった。足袋が，なぜ鎌倉時代に発明されたのか？－答えは一つである。寒くて，裸足では耐えられなかったからに違いない。気候の周期でいっても，裸足で平気であった平安時代は暖気であり，足袋をはかざるを得なかった鎌倉時代はまさに寒気であったのだ。実際，西暦後になって，わが国にも三度の寒気が訪れているのであるが，その中でも，鎌倉時代の寒気は特に厳しかったようである。それは各時代の人骨を比べてみてもよく分かる。鎌倉時代のものだけ，極端に小さいのだ。つまり，人体の骨格にまで影響を及ぼすほどに酷寒だったわけである。鎌倉時代の寒さは，日本人にいろいろなものの発明の機会を与えてくれた。足袋と同じく，風呂敷もその一つである。風呂敷のはじまりを知るには，入浴の仕方の変化をまず知らなければならない。鎌倉以前は，湯を浴びるだけというのが普通であった。ところが，鎌倉時代に入るや，そうした入浴方法では寒くて，とてもたまらなくなる。そこで，湯舟の中につかるという入浴方法に変わったのである。そうなると脱いだものをどこかに置く必要が生じてくる。まさか土間の上にじかに置くというわけにもいかない。そこで土間の上に一枚布を敷いて，その上に脱いだものを置くようになったわけである。風呂場の土間に敷くもの，文字通り風呂敷というわけである。

暖期があったことの裏付ける現象として先生は，諏訪湖が 8 年間連続不凍だったことを 198 ページで次のように述べられている。

寒さの象徴「御神渡り」の謎。記録によれば，諏訪湖の凝結月日は，早い年もあれば遅い年もあって決して一様ではないのだが，一般的に，全面結氷したあと，2 ～ 3 日後に第一回目の「御神渡り」があり，そのまた二日後あたりに，第二回目があり，これは「重ねての御神渡り」と称されている。しかし，中には湖面凝結しても「御神渡り」のない年もあり，また結氷しない年さえあったのである。こういう記録は，私が 700 年周期の上で「暖期」と予測した室町・桃山時代（15 世紀）に多く見られるのである。さらに，永正 4 年（1507）から永正 11 年（1514）までの連続 8 年間は結氷すらしないのである。その後も，天文 15 年（1546），弘治元年（1555）などには，諏訪湖はやはり結氷しておらず，また結氷の有無が不明の年も 2，3 散見することができる。ところが寒期に当たる天保の頃（江戸時代末）になると諏訪湖は見事に結氷しているのだ。

西岡先生は天皇の寿命と周期の驚くべき一致（169 ページ）で暖期には天皇の寿命が長く，寒期には短いということは興味深いと記している。

結局温暖な時期には，食物も豊富であり，精神的にもゆったり暮らすことができる。つまり長生きできる条件がすべて揃っているといいうことであろうか。逆に寒冷期には，いかに天皇といえども，やはり温暖期よりは過酷な生活を強いられたに違いない。

先生はこの 700 年周期の気候変動に関し実に多方面からの裏付け資料を研究しておられる。例えば土器の底に残された葉の種類，オーロラの出現，アシカやトドなどの動物の移住，桜の開花の時期，中でも一番参考にされたのは年輪だったと思う。先生は 1949 年（S24 年）に気候変動に着目され，700 年周期説を自書で発表されたことはすばらしいことだと思う。日本は終戦後でまだ進駐軍に支配されていた時代，しかも 36 歳という若さで自説を堂々と主張されたことに敬意を表したい。更に驚くことは 58 年後の 94 歳で同じテーマで本を出版されたことである。もし 36 歳という若さでデビューしなかったら，またこれだけの長寿でなかったら 58 年の間隔があって同じような内容の本を書くことは不可能だったと思う。

先生は最後まで「温暖化の原因は CO_2 だけではない。700 年周期からみて 21 世紀半ばには最暖期を迎える。昨今の温暖化はその道筋に過ぎない」と警鐘を鳴らしておられた。

CO_2 は温暖化の真犯人ではなかろう。

この寒暖 700 年周期説によると，まだ化石燃料による CO_2 の発生は無かった時代，諏訪湖が連続 8 年間不凍だった現象を考えると，現在の温暖化の原因を CO_2 だとするのはおかしいと思う。もし

CO_2が真犯人でないならば，これまで省エネに努力しなかった国や企業が得をするような排出権取引きは将来大問題になろう。

CO_2が温暖化の原因であることの理由をもっと我々国民に分かり易く説明してほしい。

1990年に比し，京都議定書で6%，鳩山発言で25%の削減と叫ばれてはいるが，その理由はほとんど説明されていない。多くの人は，CO_2ガスが地球を覆っていて地球に入ってきた太陽熱が宇宙に放出できないので温暖化するのだと理解しているものと思う。しかし，最近多くの学者が空気中にCO_2ガスは0.04%位しかなく，しかもN_2，O_2が大半を占める空気よりCO_2の方が重いのであるからCO_2ガスが量的にも物理的にも地球を覆うなんてことはあり得ないと言っているが私も全くその通りだと思う。

放熱の方が温暖化への影響は大きいのではないか。

熱を持ったもの，熱を出すものは必ず冷やされるのであるから，その熱は大気中に放熱されるのである。世界中の車のラジエータまたはエンジンから直接大気中に放熱される。世界の鉄鋼生産が14億トンあればその溶けた鋼から1600℃の熱が放出されている。産業界の生産過程では熱を発することが無限にある。また家庭でも調理・風呂・空調などから熱が発せられている。CO_2が発生することはその過程に熱が出ている。化石燃料が燃えた時だけではなく，人間や動物が呼吸した時にもCO_2と同時に低い温度ではあるが休むことなく放熱して大気を温めている。このように考えると化石燃料を使わない原発からの電気で鉄など金属を溶かした時の放熱，電気ヒーターからの熱，原発にしても大量の冷却水が使われていることは水の温度を上げることになり電気にしても燃焼と同罪ではないだろうか。このように生産活動や文化的生活のために発せられる熱が放熱され大気を温めるようなことは，平安時代，室町時代の暖期には無かったことで，大きな相違点であろう。なぜ温暖化に直接大気を温めている放熱が問題にされないのだろうか。もっとも仮に問題となっても止めることはできなかろうが。

それでもCO_2削減はすべきだと強く思う。

以前よりCO_2と温暖化には因果関係はないのではないかと私は思っていたが，恩師，西岡秀雄先生の寒暖700年周期説を学べば学ぶ程，その思いが強くなった。しかしCO_2を削減することは限られた資源を保護する意味から化石燃料の温存にもなり，原単位を下げることは省エネ，コストダウンにつながることなので，炉，坩堝，耐火物を通じてエネルギーに関係する一人として今後も最大の努力をしていきたいと思っている。

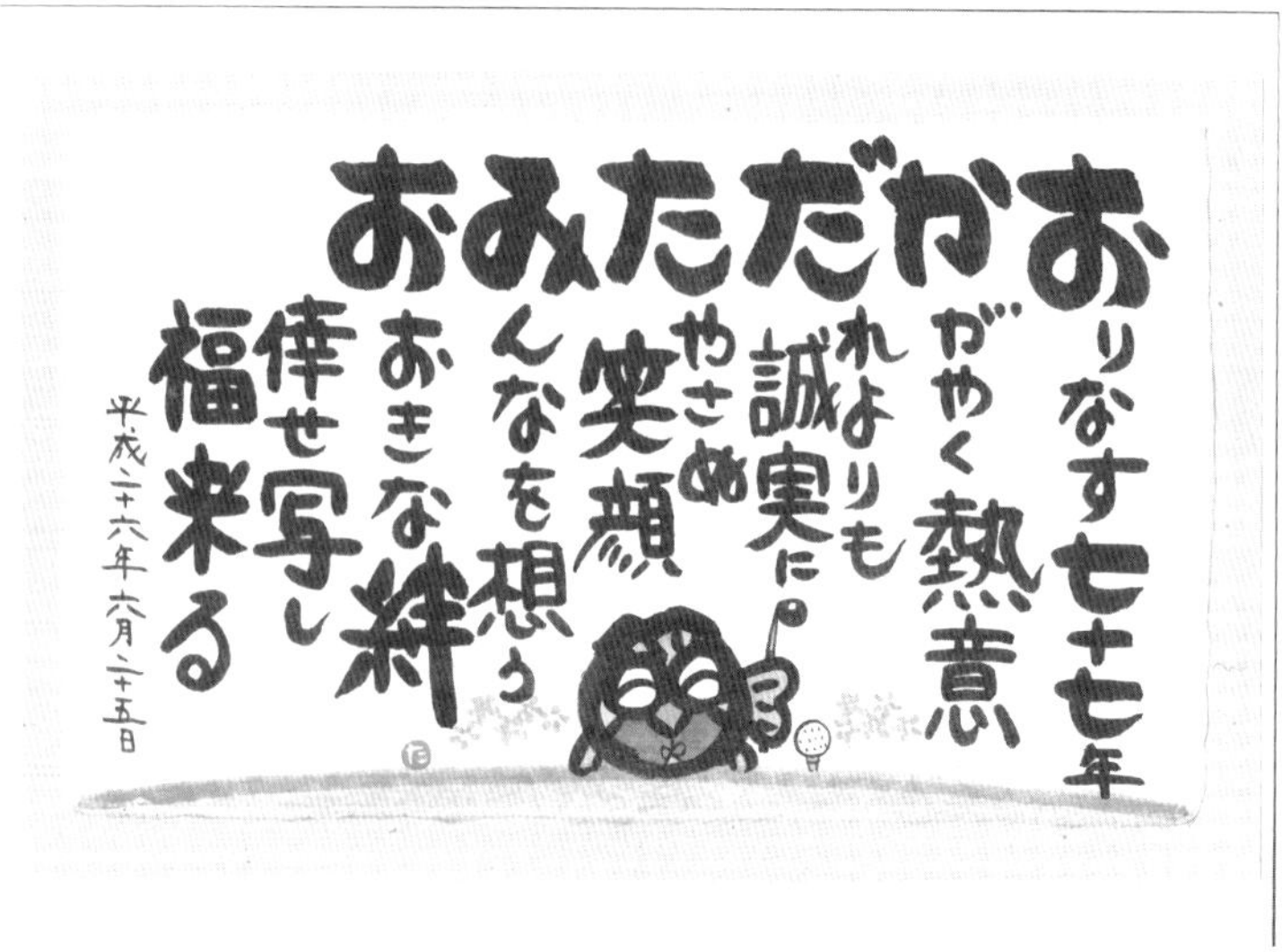

喜寿の時にいただいた色紙

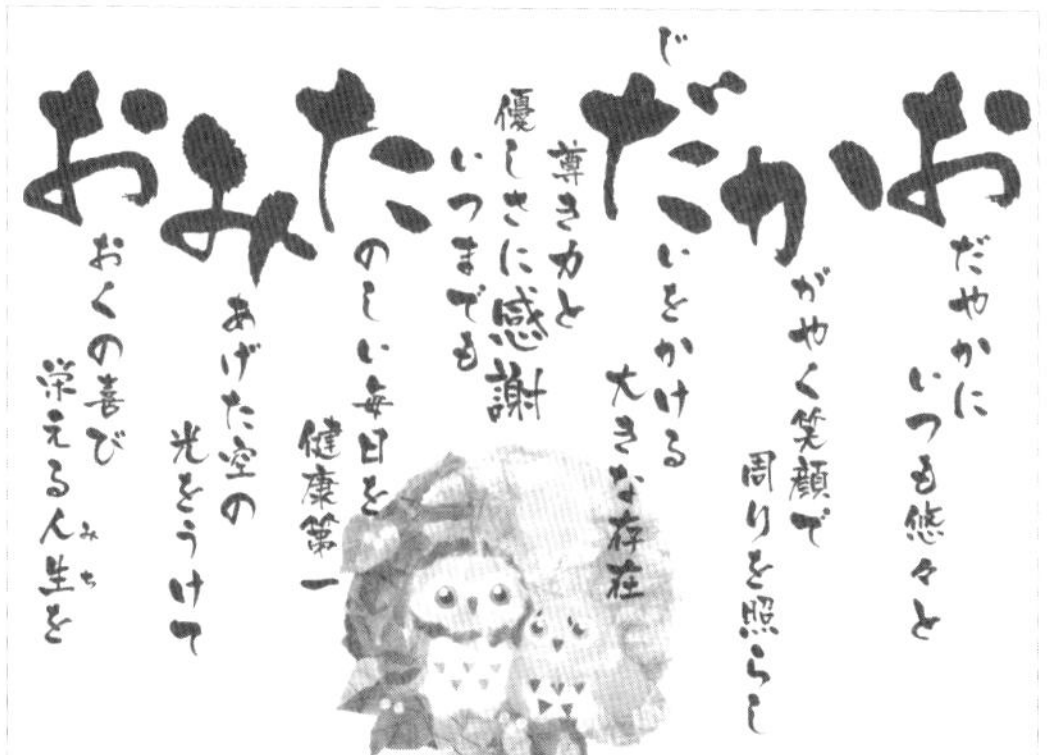

喜寿の時にいただいた色紙

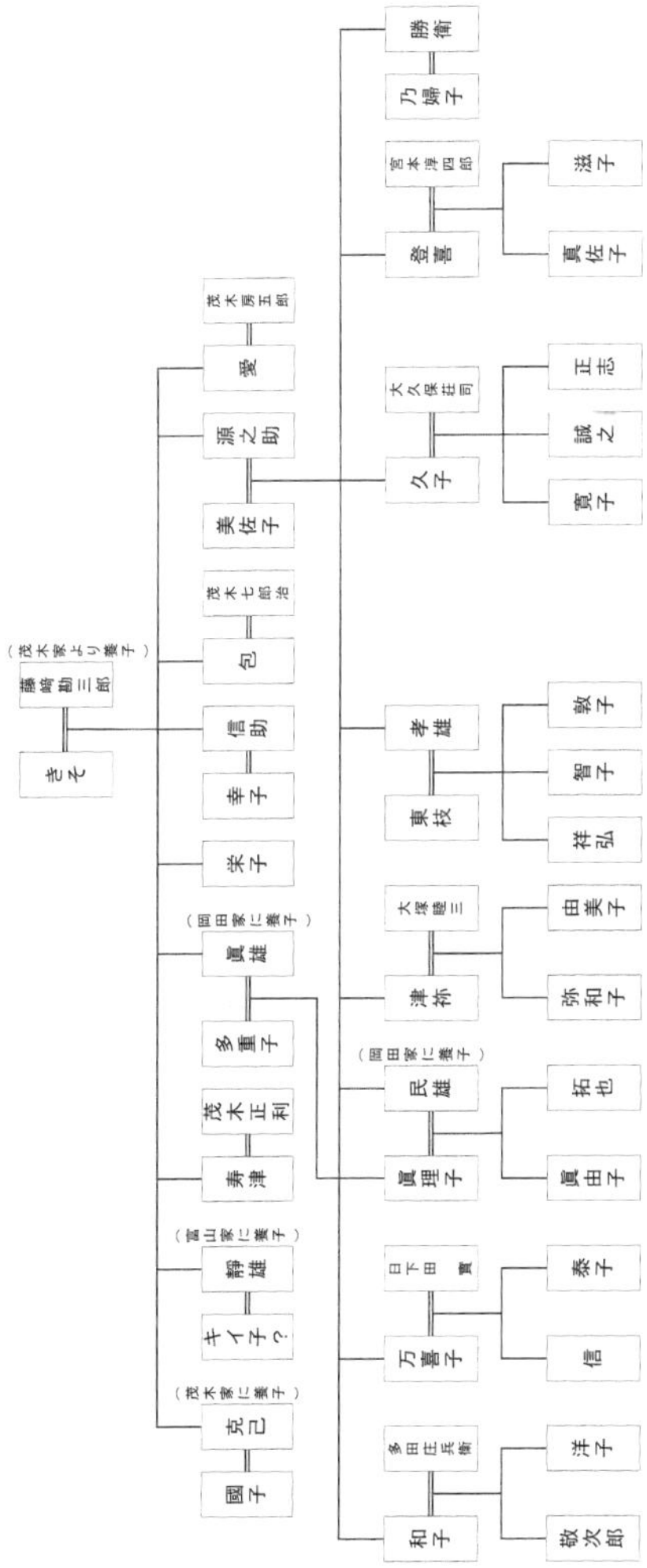

（茂木家より養子）
藤崎勘三郎
きそ
茂木房五郎
愛
源之助
美佐子
茂木七郎治
包
信助
幸子
栄子
（岡田家に養子）
眞雄
多重子
茂木正利
寿津
（富山家に養子）
静雄
キイ子？
（茂木家に養子）
克己
國子
勝衛
乃婦子
宮本淳四郎
登喜
滋子
眞佐子
大久保荘司
久子
正志
誠之
寛子
孝雄
東枝
敦子
智子
祥弘
大塚睦三
津祢
由美子
弥和子
（岡田家に養子）
民雄
眞理子
拓也
眞由子
日下田實
万喜子
泰子
信
多田庄兵衛
和子
洋子
敬次郎

藤崎家系図

岡田民雄経歴

1937（昭和12）年6月25日　千葉県富里村久能に生る
1944（昭和19）年　富里村立國民学校第一分教場　入学
1950（昭和25）年　5年、6年は成田小学校　卒業
1953（昭和28）年　成田中学　卒業
1956（昭和31）年　佐倉高校　卒業
（化学クラブ所属）
1960（昭和35）年　慶應義塾大学文学部　卒業
（文化地理研究会所属）
1960（昭和35）年　日本坩堝（株）入社
1963（昭和38）年3月27日　岡田眞理子と結婚
岡田姓になる（旧姓、藤崎）
1977（昭和52）年　海外事業部長
1984（昭和59）年　日坩築炉工業（株）に出向
1987（昭和62）年　久能カントリー倶楽部に転職
1989（平成元）年　久能カントリー倶楽部総支配人
1994（平成6）年　日本坩堝（株）監査役
1995（平成7）年　日本坩堝（株）専務、副社長
1996（平成8）年　日本坩堝（株）社長
2007（平成19）年　日本坩堝（株）会長
2017（平成29）年　日本坩堝（株）相談役（80歳）

公職・その他

耐火物協会　副会長・会長
日本鋳造協会　監事
日本鋳造工学会　理事・監事・名誉会員
日本鋳造工学会関東支部　支部長・顧問
黒鉛坩堝同業界　会長
正英日坩工業燃焼設備(上海)有限公司　董事・顧問
日本精鉱（株）監査役
屋久島電工（株）社外取締役
経済同友会　幹事・世話人

千葉黎明学園　評議員・理事
佐倉高校　SGH協議員
久能カントリー倶楽部　総支配人・理事
100年経営の会　評議委員
交詢社　慶久会　三悟会
文化地理３５会　西岡三田会
川口三田会
鹿山会　東京鹿山会　三日月会
トキの会　三五六会　ＦＯＳの会

岡田　民雄 おかだ・たみお

1937 年 6 月 25 日千葉県富里村久能に生まれる。1960 年慶應義塾大学文学部卒業。1960 年日本坩堝（株）入社。1977 年海外事業部長。1984 年日坩築炉工業(株)に出向。1987 年久能カントリー倶楽部に転職、1989 年久能カントリー倶楽部総支配人。1994 年日本坩堝（株）監査役、1995 年専務、副社長、1996 年社長、2007 年会長、2017 年相談役を歴任（81 歳）。

開発は不可能を可能にする

2018 年 12 月 31 日　第一刷発行

著　者　岡田民雄
発行者　志賀正利
発行所　株式会社エネルギーフォーラム
〒 104-0061 東京都中央区銀座 5-13-3　電話 03-5565-3500
印　刷　錦明印刷株式会社
製　本　大口製本印刷株式会社
ブックデザイン　エネルギーフォーラム デザイン室

定価はカバーに表示してあります。落丁・乱丁の場合は送料小社負担でお取り替えいたします。

　ISBN978－4－88555－498－8